KB049146

원숭이도 이해하는
공산당 선언

세상에서 가장 쉬운
임승수의 마르크스 엥겔스 공산당 선언 원전 강의
원숭이도 이해하는 공산당 선언

초판 1쇄 2018년 7월 16일 발행
초판 3쇄 2020년 11월 10일 발행

지은이 임승수
원작자 카를 마르크스, 프리드리히 엥겔스
옮긴이 정재윤
펴낸이 김성실
책임편집 김태현
일러스트 원동민
표지 디자인 형태와내용사이
본문 디자인 채은아
제작 한영문화사

펴낸곳 시대의창 **등록** 제10-1756호(1999. 5. 11)
주소 03985 서울시 마포구 연희로 19-1
전화 02)335-6121 **팩스** 02)325-5607
전자우편 sidaebooks@daum.net
페이스북 www.facebook.com/sidaebooks
트위터 @sidaebooks

ISBN 978-89-5940-672-2 (03300)

이 책에 수록한 《공산당 선언》 원문은 독일어판 《마르크스 엥겔스 전집*MARX ENGELS WERKE*》(MEW: Werke, 43 Bände, Band 4, Mai 1846 bis März 1848)을 대본으로 삼아 번역했습니다.

이 도서의 국립중앙도서관 출판시도서목록(CIP)은
서지정보유통지원시스템 홈페이지(http://seoji.nl.go.kr)와
국가자료공동목록시스템(http://www.nl.go.kr/kolisnet)에서 이용하실 수 있습니다.
(CIP제어번호: CIP2018020081)

세상에서 가장 쉬운 **임승수의**
마르크스 엥겔스 공산당 선언 원전 강의

원숭이도 이해하는 공산당 선언

임승수 지음

시대의창

들어가는 글

안녕하세요. 전작인 《원숭이도 이해하는 자본론》, 《원숭이도 이해하는 마르크스 철학》에 이어 마르크스 탄생 200주년을 기념해 《원숭이도 이해하는 공산당 선언》으로 독자 분들과 만날 수 있어 더욱 뜻깊고 반가운 마음입니다.

카를 마르크스와 프리드리히 엥겔스가 함께 쓴 《공산당 선언》은 따로 설명할 필요 없는 유명한 고전입니다. 독재정권 시절 금서로 지정되기도 했지만, 지금은 누구나 쉽게 동네 도서관에서 대출해서 읽을 수 있는 교양서입니다. 선언서이다 보니 분량도 적은 편이어서 부담감 느끼지 않고 집어드는 사람들이 많은 것 같습니다. 저 역시 그랬으니까요. 《자본론》은 어렵지만 그래도

《공산당 선언》은 읽을 만하다는 얘기도 종종 들었고요.

그런데 도대체 누가 쉽다고 했을까요? 1990년대 초반 대학생이었던 저는 부끄럽게도 《공산당 선언》을 제대로 이해하지 못했습니다. 원체 마르크스의 문장 자체가 어려운 데다가 공대생이라 관련 배경지식도 부족해 생소한 내용뿐이었습니다. 분명 활자를 읽고 있는데 그에 상응하는 의미를 파악하는 것이 무척 어려웠습니다. 기표를 통해 기의에 닿는 데 실패한 것이죠. 억지로 끝까지 읽기는 했지만 머릿속에 남는 것은 별로 없었습니다. 처참할 정도로 효율성 떨어지는 독서를 한 자신에게 무척 실망했던 기억이 생생합니다.

어느덧 20여 년이 지나서 다시 읽은 《공산당 선언》은 정말 놀라웠습니다. 짧은 선언문 안에 마르크스 사상의 정수가 오롯이 새겨져 있다는 사실에 경탄하지 않을 수 없었습니다. 똑같은 글인데도 이렇게 느낌이 다르다니! 그동안 꽤 성장했구나 싶어 내심 스스로에게 기특한 마음이 들었습니다. 하지만 처음 읽었을 때에 이 맛을 느낄 수 있었다면 얼마나 좋았을까 싶으니, 한편으로는 아쉽고 안타까운 마음이 드는 것도 부인할 수 없었습니다.

이 책의 목표는 명확합니다. 《공산당 선언》을 처음 읽는 사람도 본문을 '제대로' 이해할 수 있도록 도와주자! 이를 위해 편집에 파격을 시도했습니다. 책을 펼쳤을 때 왼쪽 면과 오른쪽 면을 구분했습니다. 왼쪽(짝수 쪽)에는 《공산당 선언》 본문을, 오른쪽(홀수 쪽)에는 제가 쓴 해설을 배치했습니다. 왼편의 본문이 잘 이해가 안 되더라도 바로 오른쪽의 해설을 참고할 수 있습니다. 해설 내용 역시 불필요한 지식의 나열은 생략하고 본문을 쉽게 풀어서 전달하는 데에만 집중했습니다. 왼손(해설)은 거들 뿐! '친절한 과외 교사나 동아리 선배가 일대일로 내용을 가르쳐준다면 이렇게 설명하겠지' 생각하면서 해설을 작성했습니다.

아시다시피 《공산당 선언》은 평생의 혁명 동지였던 카를 마르크스와 프리드리히 엥겔스가 함께 쓴 세계에서 가장 잘 알려진 정치 팸플릿입니다. 마르크스와 엥겔스가 참가한 〈공산주의자 동맹〉 조직의 출범 선언문으로 1848년 2월에 발표되었습니다. 19세기에 등장해 20세기 내내 전 세계를 뒤흔들었으며 지금도 여전히 불씨가 꺼지지 않고 영향력을 행사하는 공산주의 운동의 사상적 배경이 매우 잘 요약되어 있지요. 공산주의에 대한 선호와는 별개로, 왜 공산주의 운동이 탄생했으며 그토록 많은 사람들의 마음을 사로잡았는지 이해하기 위해서는 꼭 읽어야 할 필독서입니다.

영화 〈매트릭스〉의 주인공 네오는 모피어스로부터 빨간약을 받아먹은 후 세상의 본모습을 목격하고 충격에 빠집니다. 저는 개인적으로 마르크스의 사상을 접하고 그 이상의 충격이 존재한다는 것을 체험했습니다. 덕분에 삶 전체가 뒤흔들려, 공대생이었던 저는 전혀 연관이 없는 인문 사회 분야의 글을 쓰는 저자로 살게 되었지요. 아무쪼록 여러분이 이 책을 통해《공산당 선언》을 제대로 이해했을 때만 맛볼 수 있는 지적 충격과 성취감을 얻는다면, 저자로서 더할 나위 없는 보람일 것입니다.

작가로서 생계를 유지하는 기적에 매일매일 도전하며

임승수

이 책의 구성

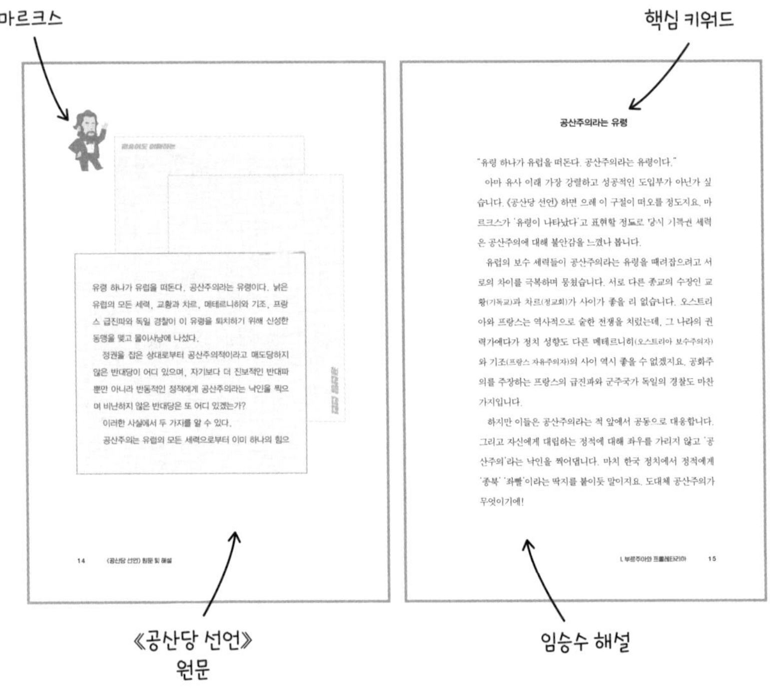

- 본문 짝수 쪽에는 마르크스와 엥겔스가 1848년에 발표한 《공산당 선언》의 원문을, 홀수 쪽에는 원문의 핵심을 요약한 키워드와 원문에 대한 해설을 실었습니다. 키워드를 기준으로 원문의 단락을 끊어 수록하였으므로, 원문만 확인하고 싶을 때에는 짝수 쪽만 이어 읽어나가면 됩니다.
- 본문 중간에 이해를 돕기 위한 그림 및 사진 자료와 주요 개념에 대한 설명을 수록하였습니다. 각 장의 서두에 내용 요약, 유명한 원문 구절, 장별 키워드 모음을 넣었습니다.

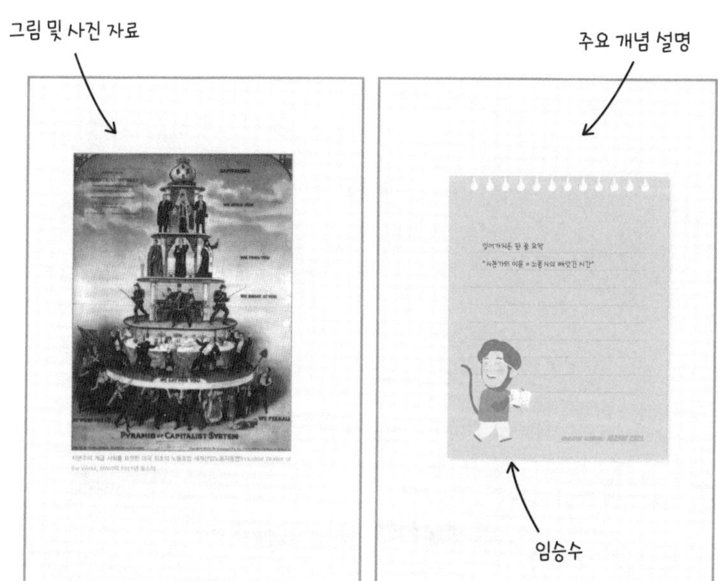
그림 및 사진 자료
주요 개념 설명
잉여가치론 한 줄 요약
"자본가의 이윤 = 노동자의 빼앗긴 시간"
임승수

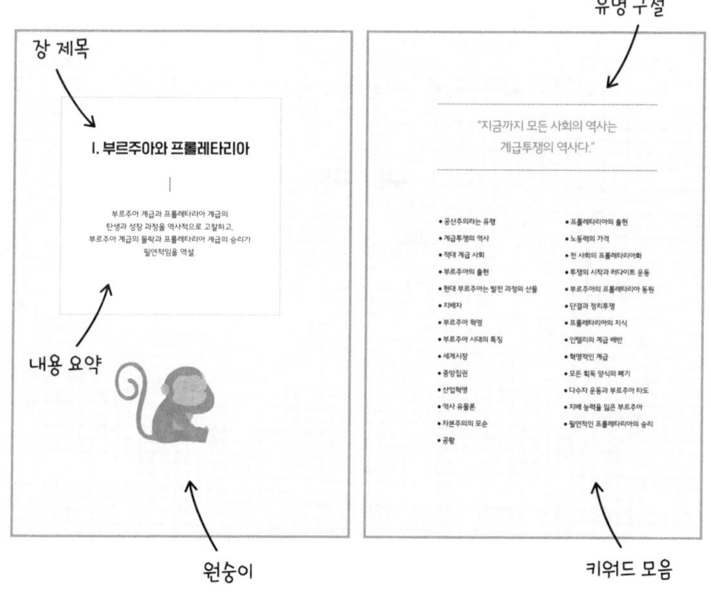
유명 구절
장 제목
I. 부르주아와 프롤레타리아
부르주아 계급과 프롤레타리아 계급의
탄생과 성장 과정을 역사적으로 고찰하고,
부르주아 계급의 몰락과 프롤레타리아 계급의 승리가
필연적임을 역설.
내용 요약
원숭이
"지금까지 모든 사회의 역사는
계급투쟁의 역사다."
• 공산주의라는 유령
• 계급투쟁의 역사
• 적대 계급 사회
• 부르주아의 출현
• 현대 부르주아는 발전 과정의 산물
• 지배자
• 부르주아 혁명
• 부르주아 시대의 특징
• 세계시장
• 중앙집권
• 산업혁명
• 역사 유물론
• 자본주의의 모순
• 공황
• 프롤레타리아의 출현
• 노동력의 가격
• 전 사회의 프롤레타리아화
• 투쟁의 시작과 러다이트 운동
• 부르주아의 프롤레타리아 동원
• 단결과 정치투쟁
• 프롤레타리아의 지식
• 인텔리의 계급 배반
• 혁명적인 계급
• 모든 획득 양식의 폐기
• 다수자 운동과 부르주아 타도
• 지배 능력을 잃은 부르주아
• 필연적인 프롤레타리아의 승리
키워드 모음

목차

들어가는 글 4

이 책의 구성 8

-《공산당 선언》 원문 및 해설 -

Ⅰ. 부르주아와 프롤레타리아 · 12

Ⅱ. 프롤레타리아와 공산주의자들 · 136

Ⅲ. 사회주의와 공산주의 문헌 · 222

Ⅳ. 여러 반대 정당에 대한 공산주의자들의 입장 · 300

- 보충 자료 -

Ⅰ. 〈공산주의의 원리〉 · 315

Ⅱ. 《공산당 선언》의 서문들 · 345

《공산당 선언》

- 원문 및 해설 -

1. 부르주아와 프롤레타리아

부르주아 계급과 프롤레타리아 계급의
탄생과 성장 과정을 역사적으로 고찰하고,
부르주아 계급의 몰락과 프롤레타리아 계급의 승리가
필연적임을 역설.

"지금까지 모든 사회의 역사는
계급투쟁의 역사다."

- 공산주의라는 유령
- 계급투쟁의 역사
- 적대 계급 사회
- 부르주아의 출현
- 현대 부르주아는 발전 과정의 산물
- 지배자
- 부르주아 혁명
- 부르주아 시대의 특징
- 세계시장
- 중앙집권
- 산업혁명
- 역사 유물론
- 자본주의의 모순
- 공황
- 프롤레타리아의 출현
- 노동력의 가격
- 전 사회의 프롤레타리아화
- 투쟁의 시작과 러다이트 운동
- 부르주아의 프롤레타리아 동원
- 단결과 정치투쟁
- 프롤레타리아의 지식
- 인텔리의 계급 배반
- 혁명적인 계급
- 모든 획득 양식의 폐기
- 다수자 운동과 부르주아 타도
- 지배 능력을 잃은 부르주아
- 필연적인 프롤레타리아의 승리

원숭이도 이해하는

공산당 선언

유령 하나가 유럽을 떠돈다. 공산주의라는 유령이다. 낡은 유럽의 모든 세력, 교황과 차르, 메테르니히와 기조, 프랑스 급진파와 독일 경찰이 이 유령을 퇴치하기 위해 신성한 동맹을 맺고 몰이사냥에 나섰다.

정권을 잡은 상대로부터 공산주의적이라고 매도당하지 않은 반대당이 어디 있으며, 자기보다 더 진보적인 반대파뿐만 아니라 반동적인 정적에게 공산주의라는 낙인을 찍으며 비난하지 않은 반대당은 또 어디 있겠는가?

이러한 사실에서 두 가지를 알 수 있다.

공산주의는 유럽의 모든 세력으로부터 이미 하나의 힘으

공산주의라는 유령

"유령 하나가 유럽을 떠돈다. 공산주의라는 유령이다."

아마 유사 이래 가장 강렬하고 성공적인 도입부가 아닌가 싶습니다. 《공산당 선언》 하면 으레 이 구절이 떠오를 정도지요. 마르크스가 '유령이 나타났다'고 표현할 정도로 당시 기득권 세력은 공산주의에 대해 불안감을 느꼈나 봅니다.

유럽의 보수 세력들이 공산주의라는 유령을 때려잡으려고 서로의 차이를 극복하며 뭉쳤습니다. 서로 다른 종교의 수장인 교황(기독교)과 차르(정교회)가 사이가 좋을 리 없습니다. 오스트리아와 프랑스는 역사적으로 숱한 전쟁을 치렀는데, 그 나라의 권력가에다가 정치 성향도 다른 메테르니히(오스트리아 보수주의자)와 기조(프랑스 자유주의자)의 사이 역시 좋을 수 없겠지요. 공화주의를 주장하는 프랑스의 급진파와 군주국가 독일의 경찰도 마찬가지입니다.

하지만 이들은 공산주의라는 적 앞에서 공동으로 대응합니다. 그리고 자신에게 대립하는 정적에 대해 좌우를 가리지 않고 '공산주의'라는 낙인을 찍어댑니다. 마치 한국 정치에서 정적에게 '종북' '좌빨'이라는 딱지를 붙이듯 말이지요. 도대체 공산주의가 무엇이기에!

원숭이도 이해하는

로 인정받고 있다는 것.

공산주의자가 자신의 견해와 목적, 그리고 의도를 전 세계에 공표하고 공산주의라는 유령 이야기에 맞서서 당 자신의 선언을 내세울 때가 되었다는 것.

이 목적을 위해 다양한 국적을 지닌 공산주의자들이 런던에 모여서 다음 선언문을 기초했다. 이것은 영어, 프랑스어, 독일어, 이탈리아어, 플라망어 그리고 덴마크어로 발표될 것이다.

공산당 선언

일반적으로 유령이란 명확한 형체가 없는 유동체流動體의 이미지입니다. 마르크스와 엥겔스가 정치조직 〈공산주의자 동맹〉의 강령으로 작성한 글, 이제부터 우리가 함께 읽을 《공산당 선언》은 '공산주의라는 유령(유동체)'에 구체적인 뼈와 살을 붙이는 시도입니다. 또한 공산주의를 지향하는 실체적 세력으로서 스스로를 만천하에 드러내는 보무당당한 출사표입니다. 이미 모두가 인정하는 힘을 가진 세력이기 때문에, 자기 스스로를 직접 규정하고 밝혀야 할 때라는 것이지요. 세계의 혁명을 주장하는 글답게, 다양한 국적의 사람들이 참여했고 다양한 언어로 발표될 것이라 언급하고 있습니다. 다음은 제1장, "부르주아와 프롤레타리아"입니다.

원숭이도 이해하는 공산당 선언

I. 부르주아와 프롤레타리아

지금까지 모든 사회의 역사는 계급투쟁의 역사다.

자유민과 노예, 도시 귀족과 평민, 영주와 농노, 길드 장인과 직인, 간단히 말해 억압자와 피억압자는 늘 서로 대립하면서, 때로는 암암리에 때로는 공공연하게, 끊임없이 투쟁을 전개해왔다. 이 투쟁은 언제나 사회 전체의 혁명적 개조를 가져오면서 끝나든지, 아니면 서로 싸우던 계급이 모두 몰락함으로써 끝이 났다.

계급투쟁의 역사

계급'투쟁'의 역사라니! '역시 마르크스와 엥겔스는 과격해'라고 생각할지도 모르겠습니다. 매우 큰 오해입니다. 여기서 이야기하는 '계급투쟁'은 폭력 시위를 생각할 때 떠오르는 이미지와는 조금 다릅니다. 그렇다면 과연 무슨 뜻일까요? 계급, 역사 그리고 투쟁의 뜻을 하나씩 살펴보겠습니다.

먼저 이 글에 나오는 계급class이란 군대의 병장이나 이등병 같은 지위rank를 의미하는 단어가 아닙니다. 노예제 사회에는 노예 계급이 있고 노예주 계급이 존재했습니다. 봉건사회에는 영주(지주) 계급이 있고 농노(소작인) 계급이 있었지요. 자본주의사회에는 노동자 계급과 자본가 계급이 있습니다. 이렇게 각 사회에서 차지하는 지위(신분) 및 경제 영역에서 수행하는 역할이 명확하게 갈리는 인간 집단이 존재합니다. 마르크스와 엥겔스가 언급한 '계급'이란 바로 이러한 인간 집단을 일컫는 단어입니다. 특히 노예주, 영주, 자본가 등은 생산수단을 소유하고 있는 반면 노예, 농노, 노동자는 생산수단을 소유하고 있지 못하기 때문에 사회에서의 '계급적' 차이가 분명하지요.

다음으로 역사란 인간 사회의 시간적 '변화'의 추이와 연관된 단어입니다. 인간 사회가 예전이나 지금이나 돌아가는 꼴이 그

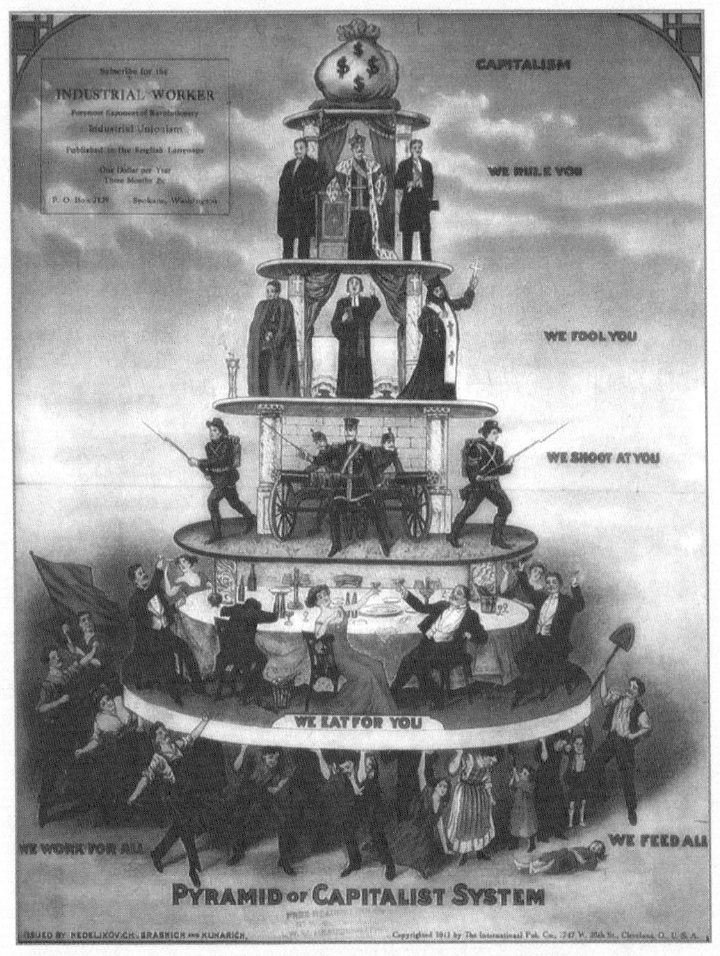

자본주의 계급 사회를 표현한 미국 최초의 노동조합 세계산업노동자동맹Industrial Worker of the World, IWW의 1911년 포스터.

저 동일하다면 역사라는 개념은 성립하지 않겠지요. 과거와 현재의 사회 모습이 다르고 현재와 미래의 사회 모습이 다를 것이기 때문에 역사라는 단어는 의미를 갖습니다. 그런 이유로, 사회의 '변화'야 말로 역사의 핵심입니다.

그렇다면 무엇이 사회의 변화를 가져올까요? 마르크스와 엥겔스는 한 사회 내부에 존재하는 계급 사이에 벌어지는 '모순과 갈등'이 그 사회의 변화를 가져온다고 보았습니다. 이해관계가 충돌하는 계급 사이에 서로 자신의 이익을 관철하기 위한 '투쟁'이 벌어지고 그 결과 사회가 변화합니다. 매우 타당하며 통찰력 있는 중요한 이야기입니다. 사회 구성원 사이에 아무런 모순과 갈등이 없다면, 다시 말해 서로가 아무 문제없이 사이좋게 투쟁 없이 지내기만 한다면 그 무슨 변화가 일어날 수 있을까요? 아마 다들 그냥 살던 대로 살 것이고, 사회도 아무런 변화를 겪지 않을 것입니다. 하지만 사회는 (당연히!) 계속해서 변화했고, 그 근저에는 계급 사이의 '투쟁'이 있었다는 것이지요.

예컨대 유럽에서 봉건사회가 자본주의사회로 이행할 때에도 기존의 봉건영주 계급과 새로 등장한 부르주아 계급(상공업자) 사이의 모순과 갈등이 변화의 핵심 원인이었습니다. 이들 사이의 투쟁이 혁명적 상황으로 이어졌고, 부르주아 계급이 승리하면서 봉건사회가 자본주의사회로 이행하는 사회 변화가 실현된 것입

'계급'투쟁의 '역사'

계급: 사회 내부에서 직업·신분·재산 등에 따라 구별되는 사람들의 집단

역사: 사회의 시간적 변화 추이

니다.

이처럼 역사를 제대로 이해하기 위해서는 사회에 존재하는 인간 집단인 계급 사이의 투쟁에 주목해야 합니다. 그래서 마르크스와 엥겔스는 인간의 역사를 '계급투쟁'의 역사라고 말한 것입니다.

원숭이도 이해하는

공산당 선언

지난 시대의 역사를 돌이켜보면 거의 어디에서든 사회가 다양한 신분으로, 다양한 단계의 사회적 지위로 분명하게 나누어져 있었다는 것을 알 수 있다. 고대 로마에서는 귀족, 기병, 평민, 노예로, 중세에는 봉건영주, 봉신, 길드 장인, 직인, 농노로 나누어져 있었다. 그리고 이들 계급의 하나하나는 다시 특별한 계층으로 나누어져 있었다.

봉건사회의 몰락으로 생겨난 현대 부르주아사회가 계급 대립을 폐기한 것은 아니었다. 이 사회는 단지 새로운 계급으로, 억압의 새로운 조건으로, 새로운 형태의 투쟁으로, 낡은 것들을 대체했을 뿐이다.

적대 계급 사회

원문에 나오듯 과거 사회는 시기마다 다양한 계급과 계층으로 구성되었으며, 그 계급과 계층 간의 모순과 갈등이 다양한 양상으로 전개되면서 사회가 변화했습니다. 이러한 변화 과정의 누적이 바로 역사의 궤적입니다.

봉건사회 내부에 존재하던 모순과 갈등의 폭발을 통해 현대 부르주아사회가 탄생했습니다. 그렇지만 자유, 평등, 박애 등의 고상한 기치를 내세운 부르주아 혁명 역시 이전까지 존재하던 인간 사회 내부의 계급 대립을 일소한 것은 아니었습니다. 부르주아 계급의 시대, 즉 자본주의사회는 생산수단을 소유한 부르주아 그리고 생산수단을 소유하지 못한 프롤레타리아라는 주요한 두 계급으로 재편되었습니다. 고대 로마나 중세 봉건 시대는 사회적 지위(신분)나 경제 영역에서의 역할 차이로 인해 다양한 계급이 존재했지만, 부르주아사회는 계급 대립이 좀 더 단순하다는 특징을 지닙니다. 전체 사회는 부르주아와 프롤레타리아라는 계급으로 확연히 나뉘어 점점 더 양극화됩니다.

그런데 여기서 한 가지 유념할 것은 마르크스와 엥겔스가 현대 부르주아사회(자본주의) 역시 인간 역사의 종착역이 아닌 중간 정거장이라고 봤다는 것입니다. 과거 사회는 그 내부에서 계급

그러나 우리 시대, 즉 부르주아 계급의 시대는 계급 대립을 단순하게 만들었다는 특징이 있다. 전체 사회는 적대하는 2대 진영, 서로 직접 대립하는 2대 계급, 부르주아 계급과 프롤레타리아 계급으로 점점 더 분열되어 간다.

사이의 모순과 갈등이 격화되는 과정에서 이전과는 다른 새로운 사회로 이행했습니다. 마찬가지로 자본주의 역시 그 내부에 계급 사이의 모순과 갈등이 존재하며 그것이 격화되는 과정에서 새로운 사회로 이행할 것이라는 말이지요. 모두 잘 알다시피 자본주의사회에서 부르주아와 프롤레타리아 사이에는 격렬한 모순과 갈등이 존재합니다. 그리고 앞서 언급했듯, 모순과 갈등이 존재하는 곳에는 언제나 변화의 가능성이 존재합니다.

중세의 농노에서 초기 도시의 성외 시민이 생겨나고 이 성외 시민에서 부르주아 계급의 첫 요소가 발전했다.

아메리카 발견, 아프리카 회항은 머리를 들기 시작한 부르주아 계급에게 새로운 영역을 만들어주었다. 동인도와 중국 시장, 아메리카의 식민지화, 식민지와의 무역, 교환 수단과 상품의 증가는 상업, 항해, 산업에 전에 없던 비약을 가져왔고, 동시에 붕괴해가는 봉건사회 내부의 혁명적 요소에 급격한 발전을 가져왔다.

지금까지와 같은 봉건적 또는 길드적 산업 경영 방식은 이제 새로운 시장과 함께 증가하는 수요를 충족시킬 수 없

부르주아의 출현

서양의 중세 시대는 귀족 신분의 영주가 보유한 토지(장원)에서 농노들이 영주에게 일정한 지대를 지불하고 농사지어 먹고사는 사회였습니다. 처음에는 장원 내부 구성원들이 근근이 먹고 살 수 있는 수준의 생산만 이루어졌습니다. 하지만 생산력이 발전함에 따라 잉여 생산물이 증가했고, 잉여 생산물의 거래를 담당하는 상공업자 세력(부르주아)이 형성되었습니다. 이들이 영주의 성 바깥에 자신들의 거주지를 형성해 성외城外 시민이 되었는데, 바로 이들이 부르주아 계급의 효시입니다.

이렇게 출현한 봉건적, 길드적 산업 경영 방식은 한동안 중세 사회 구성원들의 수요를 감당할 수 있었습니다. 하지만 여러 가지 요인으로 상업이 비약적으로 발전하면서 상품에 대한 수요가 폭증했고, 기존의 봉건적, 길드적 산업 경영 방식으로는 이러한 상품 수요 폭증을 제대로 감당할 수 없었습니다. 어째서일까요?

길드는 서양 중세 상인과 장인이 자신들의 이익을 보호하기 위해 결성한 조직입니다. 중세 초기의 상공업 수요는 해당 도시와 그 주변에 제한되었습니다. 자신들이 취급하는 물품에 대한 수요가 이렇게 제한된 상황에서는 같은 업종에 종사하는 상인이나 장인이 서로 협력 또는 담합해 공급을 통제하지 않으면 과잉

게 되었고, 매뉴팩처가 그 자리를 대신했다. 길드 장인은 산업 중산층에게 밀려나고 서로 다른 조합 사이의 분업은 모습을 감추고 개별 작업장 자체에서 분업이 나타났다.

생산 때문에 망할 수 있습니다. 때문에 서로 담합할 수 있는 조직, 즉 길드를 만들어 내부 규율을 강하게 세우고 여기에 소속되지 않은 이들에게는 매우 배타적인 태도를 취했습니다. 그러나 이러한 조직 형태는 상업이 폭발적으로 성장하는 시기에는 그 수요를 충족시킬 만한 역량이 없었습니다. 조직의 목표가 생산을 '통제'하는 것이었기 때문에, 그와 반대로 유연하게 자신을 확장하면서 늘어난 수요에 호응하기에는 너무 경직된 형태였지요.

그래서 등장한 것이 매뉴팩처입니다. 매뉴팩처(공장제 수공업)는 기존의 길드와는 다르게 산업 중산층(자본가)에게 고용된 노동자들이 작업 지시에 따라 작업장 내의 분업 및 협업을 통해 판매 목적의 상품을 생산했습니다. 길드 방식으로 마차를 만들 때에는 수레바퀴 제조공, 마구 제조공, 가구공, 선반공, 자물쇠공 등이 각자의 작업장에서 작업을 따로 진행했지만, 매뉴팩처에서는 이 모든 기능공들이 임금 노동자가 되어 하나의 작업장에 통합되고 그 안에서 '분업'화되어 작업을 진행합니다. 이를 통해 이전 길드 방식보다 진일보한 생산성을 보여줄 수 있었지요.

그러나 시장은 점점 커지고 수요는 점점 많아졌다. 매뉴팩처로도 더는 이에 대처할 수 없게 되었다. 이때 증기와 기계 장치가 산업 생산을 혁명적으로 바꾸어놓았다. 매뉴팩처 대신 현대적 거대 산업이 들어서고 산업 중산층 대신 산업의 백만장자, 전체 산업 군단의 총사령관, 즉 현대 부르주아가 나타났다.

거대 산업은 이미 아메리카의 발견에 의해서 준비되어 있던 세계 시장을 만들어냈다. 세계시장은 상업, 항해, 육상 교통에 엄청난 발전을 가져왔다. 이 발전은 거꾸로 산업의 신장에 큰 영향을 미쳤다. 그리고 산업, 상업, 항해, 철

현대 부르주아는 발전 과정의 산물

대외적으로 해외 무역이 성장하는 한편, 대내적으로 농업 생산력의 발전으로 시장 수요가 증가했습니다. 17~18세기 영국에서는 새로운 농법이 도입되어 생산력이 발전했으며 상업화가 진행되면서 농민들의 소득이 증가했습니다. 농민들의 소득 증대는 자연스럽게 소비재에 대한 수요의 확대로 이어졌지요. 매뉴팩처 방식으로는 폭증하는 대내외적 시장 수요를 감당할 수 없는 지경에 이르렀습니다. 이러한 상황에서 생산 현장에 증기기관과 각종 기계장치들이 도입되었고, 기존의 수공업적 생산방식인 매뉴팩처가 기계제 대공업으로 전환된 것입니다. 이를 통해 현대 부르주아 계급이 등장했습니다.

현대 부르주아(자본가) 계급은 갑자기 하늘에서 툭 떨어지거나 땅에서 솟아오른 것이 아닙니다. 서양 중세 사회 내부에서 상공업의 씨앗이 태동("봉건사회 내부의 혁명적 요소")해 발전해나가는 긴 과정의 산물입니다. 소비재의 생산에 증기기관과 기계가 도입되고, 아메리카의 '발견'(적절한 단어는 아닙니다만)으로 세계시장이 형성되며, 새로운 동력원을 이용한 철도 및 증기선의 등장으로 운송 비용이 극적으로 줄어들면서 막대한 부를 축적한 세력이 바로 상공업자들인 부르주아 계급입니다.

원숭이도 이해하는

도가 신장하는 것만큼이나 부르주아 계급이 발전하고, 자기 자본을 늘리면서 중세부터 이어져온 모든 계급을 뒷전으로 몰아냈다.

이리하여 우리는 현대 부르주아 계급 자체가 하나의 긴 발전 과정의 산물이며 생산과 교환 양식에서 이루어진 변혁의 산물이라는 것을 알게 된다.

공산당 선언

부르주아가 역사의 전면에 등장한 사건인 루이 16세 처형을 묘사한 프랑스 혁명 당대의 그림.

원숭이도 이해하는

공산당 선언

부르주아 계급 발전의 각 단계에 발맞추어 이에 어울리는 정치적 진보가 이루어졌다. 부르주아 계급은 봉건영주의 지배 아래에서는 억압받는 신분이었고 코뮌에서는 무장을 한 자치적 연합체였으며, 여기서는 독립을 이룬 도시 공화국이었고 저기서는 왕에게 납세할 의무가 있는 제3신분이었다. 매뉴팩처의 시대가 되자, 그들은 신분제 왕국이나 절대주의 왕국에서 귀족과 평형을 이루는 추의 역할을 하면서 대군주제의 주요한 기초를 이루었다. 마침내 거대 산업과 세계시장이 건설된 이후, 부르주아 계급은 현대적 대의제 국가에서 배타적인 정치 지배권을 쟁취했다. 현대적 국

지배자

부르주아 계급이 지닌 권력은 대체로 그들이 경제에서 차지하는 위상에 비례했습니다. 중세 초기에는 토지를 기반으로 한 농업이 먹고사니즘(경제)의 대부분을 차지했으며 상공업은 상대적으로 비중이 적었습니다. 때문에 토지를 소유한 귀족 영주들이 사회를 지배했으며 상공업자들은 봉건영주들의 억압과 간섭에서 자유로울 수 없었지요. 하지만 이들은 점차 세를 키워 성장하면서 자치적 연합체(코뮌)를 이루거나 독립적인 도시 공화국을 만들기도 합니다. 혁명 이전의 프랑스에서 상공업자는 제1신분(성직자)과 제2신분(귀족)에 이은 제3신분(사실상 나머지 모두)에 속했습니다. 성직자와 귀족이 토지를 독점하고 세금을 내지 않았던 것에 비해 제3신분은 생업에 종사하며 세금 납부의 의무가 부과되었지만 정치에 참여할 수 있는 권리(참정권)는 주어지지 않습니다. 의무만 있고 권리가 없었던 것이지요.

하지만 상공업이 폭발적으로 성장하고 부르주아 계급이 막강한 경제력을 지니게 되면서 이들의 정치적 위상이 달라집니다. 상공업자들은 막대한 돈이 필요했던 절대왕정과 결탁해 재정을 지원하며 기존의 교회나 귀족과 맞설 수 있는 위치에 올랐고, 마침내 한때 자신과 함께했던 왕의 목까지 치며 혁명의 승리자가

원숭이도 이해하는

공산당 선언

가 권력이란 부르주아 계급 전체의 공동 업무를 맡아보는 위원회에 지나지 않는다.

됩니다. 드디어 자신들이 지닌 경제력에 걸맞은 정치권력을 획득한 것입니다.

마르크스와 엥겔스는 "현대적 국가 권력이란 부르주아 계급 전체의 공동 업무를 맡아보는 위원회에 지나지 않는다"고까지 말합니다. 마치 중세 봉건 시대의 국가가 귀족 영주들의 공동 업무를 맡아보는 위원회에 지나지 않았던 것처럼 말이지요.

마르크스와 엥겔스가 《공산당 선언》을 쓴 시기로부터 많은 시간이 지난 지금도 자본가 계급은 자신이 지닌 경제력을 통해 국가권력과 정치에 어마어마한 영향을 끼치는 것을 우리는 생생하게 목격하고 있습니다.

원숭이도 이해하는

공산당 선언

부르주아 계급은 역사에서 매우 혁명적인 역할을 했다.

부르주아 계급은 지배권을 쟁취한 곳에서 봉건적, 가부장적, 목가적인 일체의 관계들을 파괴해버렸다. 그들은 인간을 타고난 상전들에게 묶어놓았던 갖가지 색깔의 봉건적 끈들을 사정없이 끊어버렸고, 사람과 사람 사이에 적나라한 이해관계, 차가운 '금전 지불' 말고는 아무런 유대도 남겨놓지 않았다. 그들은 신심에서 우러나오는 도취감, 기사들의 열정, 속물적인 감상의 성스러운 전율을 얼음처럼 차가운 이기적인 타산의 물속에 빠뜨려버렸다. 그들은 개인의 존엄성을 교환가치로 용해시켜 버리고, 문서로 확인받고 정

부르주아 혁명

중세의 삶은 그야말로 봉건적, 가부장적, 목가적이라 할 수 있습니다. 봉건사회는 토지를 배타적으로 소유한 지주(영주) 계급과 토지를 소유하지 못해 지주에게 지대를 지불하고 농사를 짓는 농노의 관계로 구성된 사회입니다. 지주는 귀족 신분으로 토지를 배타적으로 소유할 수 있지만 농노는 토지에 대한 소유권이 없습니다. 요컨대 봉건 시스템을 뒷받침하고 정당화하는 것은 신분제였지요. 지주는 신화나 종교적인 이야기, 예컨대 자신들의 선조가 알에서 태어났다든가 신의 은총을 받았다는 식으로 자신들의 귀족 신분을 정당화했습니다. 당시는 성인 남성을 가부장으로 하는 대가족 노동력이 생산의 기본 단위였습니다. 이들은 땅을 일구고 땅에서 나오는 것을 먹고살았습니다. 삶의 방식은 전형적인 농촌의 모습에 맞춰져 있었습니다. 때문에 중세 시대에는 가부장적이고 목가적인 삶을 예찬했지요. 가부장적 농촌 경제 시스템이 유지되어야 지배계급인 지주들이 부를 축적하고 자신들의 영향력을 유지할 수 있었기 때문입니다.

하지만 새로이 등장한 부르주아 계급에게는 봉건적, 가부장적, 목가적 삶이 '장애물'이었습니다. 봉건적 신분제는 경제력에 걸맞은 정치권력을 원하는 부르주아 계급에게 걸림돌이었으며,

당하게 얻은 수많은 자유를 양심이라고는 조금도 없는 상업의 자유로 대체해버렸다. 한마디로 그들은 종교적이고 정치적인 환상으로 은폐되어 있던 착취를 공공연하고 파렴치하고 직접적이고 메마른 착취로 바꾸어놓았다.

부르주아 계급은 지금까지 존경을 받아왔고 경외심을 갖고 바라보았던 모든 직업으로부터 후광을 걷어내버렸다. 그들은 의사를, 법률가를, 성직자를, 시인을, 학자를 자신들이 돈을 주고 부리는 임금 노동자로 바꾸어버렸다.

부르주아 계급은 가족 관계의 감동적이고 감상적인 베일을 벗기고 순수한 금전 관계로 바꾸어버렸다.

가부장적이고 목가적인 삶의 방식은 공장을 중심으로 생산이 이루어지는 상공업에 맞지 않았습니다. 그래서 부르주아가 지배하는 곳에서는 가부장적이고 목가적인 삶이 해체되고, 그 자리에 상공업에 어울리는 핵가족과 도시적 삶이 들어섰습니다. 자본주의 공장에서는 가족 노동력이 아닌 개별 노동력이 필요하기 때문에 그에 맞게 대가족이 핵가족으로 분화된 것이지요. 사람들은 공장이 들어선 도시를 중심으로 핵가족의 형태로 살아가게 되었습니다. 이제 봉건적, 가부장적, 목가적 삶을 찬양하는 온갖 종교적 예찬이나 기사들의 무용담은 더 이상 쓸모가 없어졌지요. 상공업의 발달로 대부분의 재화가 시장에서 거래되면서(상품화되면서) 화폐경제가 대세를 이루었고, 거래의 매개물이자 가치의 저장 수단인 화폐가 경제활동에서 가장 중요한 지위를 차지하게 되었습니다. 자연스럽게 사람들 사이에 '금전 교류'만을 중시하는 분위기가 조성되었습니다. 돈벌이만 된다면 만사 오케이라는 분위기 말이지요. 인간을 포함한 모든 것이 오로지 화폐와의 교환 여부에 따라 가치를 부여받습니다. 바로 이런 경제구조를 통해 노골적으로 돈 얘기를 꺼내는 '파렴치하고 직접적이고 메마른' 착취 구조가 들어서고, 그 과정에서 부르주아 계급은 부를 축적합니다.

어느 시대나 과거를 그리워하는 반동주의자reactionary는 존재합

원숭이도 이해하는

부르주아 계급은 중세 시대에 반동주의자들이 경탄해 마지않았던 잔인한 폭력 행위가 실은 나태하고 게으른 생활로 적당히 보완되고 있었다는 것을 폭로했다.

공산당 선언

니다. 중세 시대를 그리워하는 반동주의자는 모든 것을 돈으로만 따지는 자본주의에 염증을 느끼며 중세 시절 기사들의 무용담이나 전쟁 이야기를 동경했겠지요. 그런데 기사와 귀족이 무용담을 떨치고 전쟁을 벌일 수 있었던 것은 자신들의 생계를 책임지는 농노가 있기 때문에 가능했습니다. 농노를 착취해 생계를 해결하면서 "나태하고 게으르게" 살 수 있었기 때문에, 전쟁을 벌이고 무용담을 떨칠 수 있었던 것이지요. 부르주아 계급은 기존 봉건사회의 노골적인 모습을 가감 없이 드러내고 무너뜨렸습니다. 모든 봉건적 권위를 파괴한 것이지요. 그리고 모든 인간관계를 '순수한 금전 관계'로 바꾸었습니다.

원숭이도 이해하는 공산당 선언

인간의 활동으로 무엇을 이룩할 수 있는지 처음으로 증명한 것은 그들이었다. 그들은 이집트의 피라미드, 로마의 수로, 고딕 양식의 대성당과는 전혀 다른 경이로운 작품을 만들어냈다. 그들은 민족의 대이동이나 십자군 원정과는 전혀 다른 원정을 실행했다.

부르주아 계급은 생산도구를, 즉 생산관계를, 즉 모든 사회관계를 끊임없이 변혁하지 않고서는 존재할 수 없다. 이에 반해 낡은 생산양식을 변화시키지 않고 고수하는 것이 그전의 모든 산업 계급의 첫 번째 생존 조건이었다. 끊임없는 생산의 변혁, 모든 사회 상태의 부단한 동요, 영원한 불

부르주아 시대의 특징

부르주아 계급은 이집트의 피라미드, 로마의 수로, 유럽의 대성당을 뛰어넘는 경이로운 규모의 도시 문명을 건설했습니다. 우리는 비행기를 타고 해외여행을 하면서 창밖 대도시의 야경과 빽빽하게 들어찬 마천루에 경탄합니다. 마찬가지로 산업혁명이 한창 진행되던 시기 대도시의 모습은 당시 사람들에게 과거 대제국들의 거대 유물 이상으로 엄청나게 경이로웠을 것입니다. 뿐만 아니라 부르주아 계급은 돈만 벌 수 있다면 민족의 대이동이나 십자군 원정을 뛰어넘는 놀라운 공간적 이동도 감행했습니다. 기존에 전혀 알지 못했던 대륙에 당도하는가 하면 지구를 한 바퀴 돌기도 했지요. 당시 기준으로는 전례가 없는 엄청난 시도에 나섰습니다.

봉건시대 농촌의 생산도구와 자본주의 대공장의 기계는 비교할 수 없을 만큼 다릅니다. 생산관계는 '지주-농노'에서 '자본가-노동자'로 바뀌었지요. 부르주아 계급은 자신이 지배하는 곳에서 모든 사회관계들을 변혁합니다. 이것이 부르주아 시대, 자본주의의 특징이라고 마르크스와 엥겔스는 지적합니다. 부르주아 계급은 시장에서 더 많은 이윤을 추구하고 생존하기 위해 부르주아 상호간에 끊임없이 경쟁합니다. 기존의 낡은 생산양식을

안정함과 운동은 이전의 모든 시대와 다른 부르주아 시대만의 특징이다. 고정되고 녹이 슨 모든 관계는, 자신이 낳은 오래되고 존귀한 관념 및 견해들과 함께 해체되고, 새로 형성되는 것들은 굳어지기도 전에 낡은 것이 되어버린다. 일체의 신분적인 것과 정체되어 있는 것은 증발하고, 일체의 신성한 것은 모독당한다. 그리고 사람들은 마침내 자신들의 사회적 지위와 상호 관계를 냉철한 눈으로 볼 것을 강요받는다.

고수해야만 생존할 수 있던 봉건영주나 길드의 장인들과는 상황이 다릅니다. 이 전투에 참가하지 않거나 패배하면 도태하고 몰락합니다. 이런 치열한 경쟁 과정을 통해 끊임없이 혁신이 일어납니다. 어제의 신기술이 오늘의 낡은 기술이 되고, 어제의 신상품이 오늘의 구닥다리가 되며, 유행과 지식과 문화가 끊임없이 바뀝니다. 자본주의의 유지와 생존에 필수적인 영원한 불안정함과 끊임없는 운동이 계속됩니다. 결국 자본주의사회에서 사람들은 자신의 사회적 지위나 사람들과의 관계 역시 일시적일 뿐이며 '불안정'하다는 사실을 냉철하게 받아들일 수밖에 없습니다.

자기가 생산한 생산물의 판로를 늘 점점 확대하려고 하는 욕망은 부르주아 계급을 전 지구로 내몬다. 그들은 도처에 둥지를 틀고, 도처에서 정착하며, 도처에서 관계를 맺어 나가야 한다.

부르주아 계급은 세계시장의 착취를 통해 각 나라의 생산과 소비를 세계적인 것으로 만들어냈다. 반동주의자들로서는 유감스럽겠지만, 그들은 산업의 국가적인 토대를 허물어버렸다. 먼 옛날부터 내려오던 민족적인 산업은 파괴되어버렸고, 지금도 매일 파괴되고 있다. 이것을 밀어내는 것은 새로운 산업이다. 이것을 채용하느냐 하지 않느냐는 모

세계시장

굳이 이 구절에 대해서 구구절절한 설명이 필요할까 싶을 정도로 21세기에 들어선 지금 자본주의적 생산 양식은 전 지구적인 현상이 되었습니다. 그 양상은 마르크스와 엥겔스가 이 글을 쓰던 시절보다 훨씬 더 구체적이고 생생하지요. 한 손에 거머쥘 수 있는 작은 스마트폰 하나를 만드는 데에도 세계 곳곳에서 생산된 원자재와 부품이 사용됩니다. 이렇게 제조된 스마트폰은 아프리카, 미주 대륙, 아시아, 유럽을 가리지 않고 세계 곳곳에서 판매됩니다. 이러한 세계시장의 형성은 순전히 자본가의 이윤 추구 욕망 때문입니다. 이윤을 극대화할 수 있는 형태로 원자재와 부품을 조달하고, 그렇게 완성된 제품을 이윤을 극대화할 수 있는 방식으로 판매하기 위해서는 세계시장이 필요하지요.

한편 자본주의 세계화를 통해 곳곳에서 자본주의적 생산양식과 생활 방식을 공유하면서, 그에 따라 사고방식이나 문화에서도 서로 공감할 수 있는 영역이 넓어졌습니다. 이를테면 청바지에 티셔츠를 입고 스마트폰을 이용하며 회사에 고용되어 정해진 시간 동안 일하며 출퇴근하는 삶이 어디서나 보편화된 것이지요. 이렇게 삶의 양식을 공유하면서 서로 공감하고 소통할 수 있는 폭이 넓어졌습니다. 만약 대한민국이 여전히 조선 시대의 삶

든 문명국가의 사활이 달린 문제다. 그것은 이미 국내 원료가 아니라 멀리 떨어진 지대에서 나온 원료를 가공하는 산업이고, 이 산업의 제품은 자국에서 소비될 뿐만 아니라, 모든 대륙에서 소비된다. 국내 생산물로 만족하고 있던 옛 욕망 대신 새로운 욕망이 들어선다. 이 새로운 욕망을 충족하기 위해서 멀리 떨어진 나라나 기후의 생산물이 필요해진다. 예전에는 지방적, 국가적으로 자족하고 고립되어 있던 자리에 국가 상호 간의 전면적인 교류와 전면적인 의존 관계가 들어선다. 물질적인 생산에서와 마찬가지로 정신적인 생산에서도 이러한 일이 일어난다. 개별 나라의 정신적 생을 유지하고 있었다면, 우리가 뉴욕의 작가가 쓴 글을 읽으며 공감할 수 있을까요? 주인공이 회사에 취직하기 위해 안간힘을 쓰고, 정시에 출근해서 정시에 퇴근하며, 백화점이나 마트에서 물건을 구입하면서 신용카드를 사용하는 등의 내용을 도무지 이해할 수 없었을 것입니다. 하지만 자본주의 세계화로 한국의 독자들은 미국, 유럽 혹은 남미의 작가가 쓴 소설들을 큰 위화감이나 이질감을 느끼지 않고 많은 부분 공감하며 읽을 수 있습니다.

산물은 공동 재산이 된다. 국가적인 일면성과 한계는 점점 더 있을 수 없게 되고, 많은 민족 문학과 지방 문학으로부터 세계 문학이 형성된다.

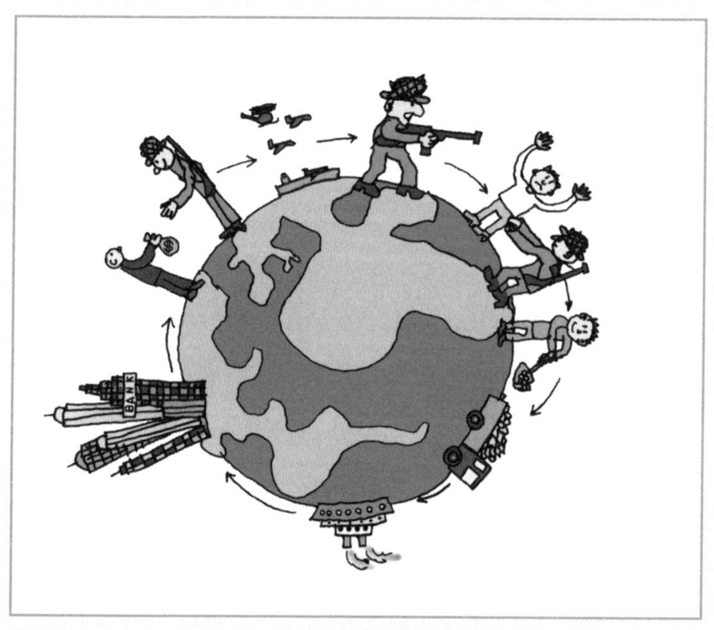

세계적 범위에서 국가 간, 국가 내 부익부 빈익빈을 가속화하는 자본주의 세계화와 세계시장의 형성을 풍자한 그림. © Pascal Kirchmair

부르주아 계급은 모든 생산도구의 급속한 개량을 통해, 한없이 용이해진 통신을 통해, 아무리 미개한 국가일지라도 모든 국가를 문명 속으로 끌어들인다. 그들 상품의 싼 가격은 중국의 만리장성을 무너뜨리고 외국인에 대한 야만인들의 완고한 증오심을 굴복시키는 강력한 대포다. 그들은 망하지 않으려면 부르주아 계급의 생산양식을 채용하라고 모든 국가에 강요한다. 그들은 모든 국가에 소위 문명을 자국에 수입하라고, 즉 부르주아 계급이 되라고 강요한다. 한마디로 그들은 그들 자신의 형상을 본떠 세계를 창조한다.

부르주아 계급은 도시의 지배를 받도록 농촌을 굴복시켰

중앙집권

자본주의 시스템이 발전하면서 시장 경쟁에서 승리한 기업은 여타 기업을 인수하거나 이윤을 재투자하며 자신의 덩치를 키웁니다. 이 과정이 지속되면서 부는 소수의 손에 집중되고 시장을 좌지우지할 수 있는 강력한 자본이 출현합니다. 막강한 힘을 보유한 자본은 자신이 이익을 추구하기에 적합한 방식으로 사회를 재구성합니다. 수많은 작은 나라로 쪼개져 있던 중세 유럽은 자본이 덩치를 키우며 독점화되는 경향에 맞춰 변하기 시작했지요. 여러 작은 나라들이 하나의 국가로 뭉치고 단일한 정부를 구성해 단일한 관세와 법률을 제정하며 정치적 중앙집권화를 이루게 됩니다. 여러 나라로 쪼개져 있어서 각 나라마다 관세와 법률 및 문물이 다른 상황에서는 부르주아가 자유롭게 상거래 행위를 하는 것이 어려웠기 때문이지요. 마치 진시황이 중국 대륙을 통일한 후 화폐와 문자, 도량형을 통일했듯이, 자본은 자신의 이익에 맞게 유럽을 재구성한 것입니다. 이 과정에서 크고 작은 무력 충돌이 있었고 전쟁으로 이어지기도 했지요.

이윤 추구가 지상 목표인 자본의 눈은 유럽 내부에만 머물지 않습니다. 이윤을 먹고 자신의 덩치를 불리는 데에 도움만 된다면 대륙 밖 미개척지로의 진출을 마다하지 않습니다. 자본의 입

다. 그들은 거대한 도시들을 만들어내고, 농촌 인구에 비해 도시 인구의 숫자를 고도로 늘리고, 그렇게 하여 인구의 상당 부분을 우매한 농촌 생활에서 벗어나게 했다. 그들은 농촌을 도시에 의존하게 만들었듯이, 미개하거나 반미개한 국가를 문명국가에, 농경 민족을 부르주아 민족에, 동양을 서양에 의존하게 만들었다.

부르주아 계급은 생산수단과 재산이 나누어지는 것을 막고, 인구가 흩어지지 못하게 한다. 그들은 인구를 응집시키고, 생산수단을 집중시키며, 재산을 소수의 손에 집적시켰다. 여기서 생겨난 필연적인 결과는 정치적 중앙집권화였

맛에 맞는 유럽을 만드는 과정에서 무력이 동원된 것처럼, 자본은 역시 무력을 동원해 비유럽 국가들의 문호를 개방하고 질 좋고 저렴한 공산품으로 해당 국가의 시장을 잠식합니다. 또한 비유럽 국가들에 자본주의 시스템을 도입하여 자본의 이윤 추구에 최적화된 형태로 비유럽 국가들의 사회경제 시스템을 재편합니다. 이 과정에서 유럽에 의한 비유럽의 식민 지배가 초래된 것은 주지의 사실이지요.

이러한 '자본의 세계화'는 현대 시대에도 여전히 진행 중입니다. 잘 알려져 있다시피 세계무역기구WTO나 자유무역협정FTA 등을 통해 국가 간의 무역 장벽을 없애려는 시도가 끊임없이 이루어지고 있습니다. 이런 움직임의 배후에는 국경을 자유롭게 넘나드는 초국적 자본transnational capital이 자신의 이윤 추구에 최적화된 세계시장을 조성하려는 의도가 관철되고 있습니다. 세계 정부에 대한 음모론 아닌 음모론이 제기되는 것도 역시 그런 맥락과 무관하지 않지요. 세계의 법률과 제도 및 관습이 통일될수록 자본의 입장에서는 좀 더 자유롭게 전 지구를 대상으로 이윤 추구 활동을 할 수 있을 테니까요. 물론 이러한 '자본의 세계화'에 대해 모든 자본가 계급이 하나같이 지지를 보내는 것은 아닙니다. 예컨대 경제 대국인 미국 내부에서도 제조업 분야의 자본가들은 중국이나 일본, 한국 같은 나라의 제품이 수입되어 자국의

원숭이도 이해하는

다. 이해관계와 법률, 정부 그리고 관세 제도가 서로 달랐고, 서로 독립적이면서 겨우 동맹 관계를 맺고 있었던 지방들이 서로 합쳐져서 하나의 국가, 하나의 정부, 하나의 법률, 하나의 국가적인 계급 이해, 하나의 관세 구역을 갖게 되었다.

공산당 선언

시장을 잠식하는 것에 대해 매우 분개하고 있습니다. 내부에서 이런 불만의 목소리가 강해지고 이것이 정치적으로 표출되어 트럼프 대통령이 당선됐고 미국이 예전에 비해 보호무역주의적인 입장을 취할 수도 있을 것입니다. 하지만 여러 갈등과 긴장에도 불구하고 긴 호흡에서 보면 '자본의 세계화'는 꾸준히 진행되어 왔음을 알 수 있습니다.

부르주아 계급은 백 년에도 미치지 못하는 계급 지배 기간 중에 과거의 모든 세대를 합한 것보다도 더 대량의, 더 대규모의 생산력을 갖추게 되었다. 자연 정복, 기계장치, 공업과 농업에 대한 화학 응용, 기선 항해, 철도, 전신, 전체 대륙의 경지화, 하천의 운하화, 땅으로부터 솟아난 듯 출현한 전체 인구—이런 정도의 생산력이 사회적 노동의 품속에서 잠자고 있었다는 것을 이전의 어떤 시대가 알고 있었을까?

산업혁명

산업혁명 전인 1760~1780년의 영국 연 평균 경제성장률은 0.65% 수준이었지만, 1780~1801년의 경제성장률은 2.06%로 세 배 이상 증가했으며 1801~1831년에는 3.06%로 더욱 증가한 것으로 알려져 있습니다. 이것이 얼마나 큰 차이인지는 간단한 복리 계산을 통해 확인할 수 있습니다. 연평균 경제성장률 0.65%면 20년 후에는 경제 규모가 13.8% 성장합니다. 그런데 연평균 경제성장률이 2.06%일 경우 같은 기간에 50.3%, 3.06%일 경우는 82.7% 성장합니다(기간이 길어질수록 더욱 크게 차이가 벌어집니다). 산업 혁명 이후 경제가 매우 가파르게 성장했음을 알 수 있습니다.

참고로 복리複利란 이자(利)가 중복(複)된다는 의미인데, 일정 기간에 발생한 이자를 원금에 합산하여 다음 기간에는 '원금+이자'에 다시 이자가 붙는 방식을 말합니다.

원숭이도 이해하는

공산당 선언

하지만 우리는 알게 되었다. 부르주아 계급의 성장의 토대를 이루는 생산수단과 교환 수단은 봉건사회 속에서 만들어졌다는 것을. 생산수단과 교환 수단의 발전이 어느 단계에 이르자, 봉건사회의 생산과 교환이 이루어지는 관계, 농업과 매뉴팩처의 봉건적 조직, 한 마디로 봉건적 소유관계는 이미 발전한 생산력에 더 이상 상응하지 않게 되었다. 이 관계는 생산을 촉진하지 않고 오히려 방해했다. 이 관계는 족쇄로 변했다. 이 족쇄는 파괴되어야 했고, 실제로 파괴되었다.

그 자리에 자유경쟁이 들어서고, 이에 걸맞은 사회적 정

역사 유물론

본문의 내용은 짧지만 매우 중요한 내용을 담고 있습니다. 때문에 지면을 좀 할애하더라도 제대로 짚어보겠습니다. 본문을 이해하기 위해서는 '역사 유물론'에 대한 지식이 필요합니다. 간단하게나마 짚어보겠습니다. '역사 유물론'은 마르크스의 역사관으로, '생산력과 생산관계의 모순'을 통해 사회가 변화 발전한다고 보는 이론입니다. 우리는 일반적으로 유럽의 부르주아 혁명은 '계몽사상' 때문에 일어났다고 생각합니다. 사람들의 의식이 바뀌어 신분제를 타도하고 공화주의 시대를 열게 되었다는 거죠. 하지만 유물론자인 마르크스가 보기에 이런 설명은 불충분했습니다. 왜냐면 여기에는 '계몽사상'이 왜 하필 19세기의 유럽에서 대세가 되었는지에 대한 과학적(유물론적) 설명이 빠졌기 때문이지요. '생산력과 생산관계의 모순'이란, 좀 거칠게 얘기하자면 먹고사니즘의 갈등입니다. 먹고사니즘의 영역, 즉 경제 영역에서 인간들 사이에 갈등이 생기고 이 갈등이 바로 사회의 변화를 이끈다는 뜻이지요.

다시 유럽 부르주아 혁명의 사례를 들여다봅시다. 부르주아 계급은 봉건사회의 외부에서 온 것이 아닙니다. 그저 봉건사회에서 농업에 비해 비중이 작은 부분을 담당했던 것이지요. 하지

치적인 제도가 들어서고, 부르주아 계급의 경제적, 정치적 지배가 들어섰다.

만 매뉴팩처와 기계제 대공업이 등장하며 상공업 '생산력'은 어느새 봉건적 농업 생산력을 훌쩍 뛰어넘을 정도가 되었습니다. 상공업이라는 생산력이 봉건사회 내부에서 엄청나게 성장한 것이지요. 하지만 봉건사회 시스템은 기존의 낡은 생산력인 농업을 중심으로 구성되어 있었습니다. 토지를 소유한 영주와 농노의 '생산관계'가 일반적이었고, 상공업 역시 길드라고 하는 봉건적인 틀 속에 제약되어 있었지요. 이러한 생산관계는 기존의 농업을 중심으로 한 낡은 생산력에는 잘 어울리지만, 상공업을 중심으로 한 새로운 생산력에는 오히려 방해가 되었습니다. 상공업자들이 부지를 마련해 공장을 짓고 싶어도 토지는 봉건귀족들이 세습하며 배타적으로 소유하고 있으며, 상공업자들이 자신의 기업에서 일할 사람을 구하려고 해도 대부분의 사람들은 봉건귀족의 영지에 농노로 혹은 길드의 직인으로 속박되어 있었던 것이지요.

때문에 상공업자는 자신들에게 유리한 시스템을 만들기 위해서 기존의 봉건사회를 철저하게 파괴할 수밖에 없었으며, 실제로 파괴했습니다. 귀족이 소유하던 토지는 시장에서 거래되는 상품이 되었으며, 봉건 영지에 속박되어 있던 농노들은 자신들의 노동력을 자유롭게 판매할 수 있는 자유민이 된 것이지요. 새로운 생산력(상공업)과 낡은 생산관계(농노-영주)가 갈등을 빚다가

역사 유물론 한 줄 요약

"생산력과 생산관계의 모순이 사회 변화 발전의 원동력"

원숭이도 이해하는 공산당 선언

결국 새로운 생산력을 감당할 수 있는 새로운 생산관계(노동자-자본가)가 도입된 것입니다. 이 투쟁의 승리자가 부르주아 계급입니다. 이들은 기존의 봉건적 정치제도(신분제)를 파괴하고 자신들에게 유리한 공화주의 정치제도를 수립했습니다. 계몽사상은 공화주의 시스템의 정당성을 사상적으로 뒷받침했고요. 결국 계몽사상의 확산도 상공업의 발전과 그에 따른 부르주아 계급의 성장이라는 물질적 토대가 있었기 때문에 가능했습니다. 사회적으로 힘을 가진 계급의 지지와 지원이 없다면 해당 사상이 대중적으로 영향력을 갖기 어려웠을 테니까요. 한마디로 새로운 권력층인 부르주아 계급의 입맛에 맞았기 때문에 계몽사상이 시대적 사상의 지위를 차지하게 된 것이지요.

마르크스는 이렇듯 사회의 변화 발전 과정을 새로운 생산력과 낡은 생산관계 사이의 모순과 갈등이라는 틀을 통해 분석하고 해명했습니다. 이것이 그 유명한 마르크스의 '역사 유물론'입니다(마르크스의 '역사 유물론'에 대해 더욱 자세하게 알고 싶은 분은 《원숭이도 이해하는 마르크스 철학》을 참고하시기 바랍니다).

우리 눈앞에 비슷한 움직임이 일어나고 있다. 부르주아적 생산 및 교류 관계, 부르주아적 소유관계, 그리고 이렇게 거대한 생산 및 교류 관계를 마법으로 불러낸 현대 부르주아사회는 자신이 불러낸 지하의 악마를 더는 부릴 수 없게 된 마법사와 비슷하다. 지난 수십 년 동안 산업 및 상업의 역사는 현대적 생산력이 현대적 생산관계, 그리고 부르주아 계급과 그 지배의 생존 조건인 소유관계에 격분해 맞서 싸운 역사에 불과했다.

자본주의의 모순

앞서 봉건사회가 자본주의사회로 이행하게 된 과정을 새로운 생산력과 낡은 생산관계 사이의 모순과 갈등으로 설명했습니다. 그런데 마르크스와 엥겔스는 곧바로 우리 눈앞에 동일한 모순과 갈등(생산력과 생산관계의 모순)이 일어나고 있다고 이야기합니다. 자본주의사회 내부에서도 새로운 생산력과 낡은 생산관계의 모순과 갈등이 일어나고 있다는 의미입니다.

자본주의사회 내부에서 다른 사회로의 변화 가능성을 포착한 것이지요. 그 대표적인 예가 바로 공황입니다.

주기적으로 반복되면서 점점 더 전체 부르주아사회의 실존을 위협하는 상업공황을 이야기하는 것만으로 충분하다. 상업공황이 오면 만들어진 생산물뿐만 아니라 이미 달성된 생산력의 상당 부분 또한 정기적으로 폐기된다. 상업공황 시기에는 이전의 어떠한 시대에도 도저히 일어나리라고는 상상할 수 없었던 사회적 전염병, 곧 과잉생산이라는 전염병이 발생한다. 사회는 갑자기 미개 상태로 되돌아간다. 기근과 일반적인 파괴 전쟁이 사회의 모든 생계 수단을 빼앗아버린 것처럼 보인다. 산업도, 상업도 파괴된 것처럼 보인다. 왜일까? 사회가 너무 많은 문명, 너무 많은 생계 수

공황

마르크스와 엥겔스는 자본주의사회에서 생산력과 생산관계의 모순이 가장 극적으로 표출되는 장면을 '공황' 국면에서 목격했습니다. 주기적으로 발생하는 자본주의 공황은 이전 시대의 경제위기와는 근본적으로 다릅니다. 자본주의 이전 사회는 주로 농업에 기반을 둔 경제체제였으며 가뭄이나 홍수, 병충해 등의 요인으로 농사를 망치면 식량 공급 부족으로 위기에 빠졌습니다. 하지만 자본주의사회에서는 오히려 '과잉생산'으로 경제 위기가 발생합니다. 자본주의 시장이 재화의 생산과 분배를 조율하는 데 완전히 실패하는 것이지요.

호황 시기에 기업들은 '물 들어올 때 노 젓는다'는 심정으로 투자에 대출까지 동원해 생산을 확장합니다. 소비자 역시 호황 분위기에 기대어 대출을 끼고 주택을 구매하고 카드 할부를 적극 활용해 소비를 합니다. 이런 상황이 계속되면 경제에 거품이 형성돼 '과잉생산'을 야기합니다. 하지만 이렇게 빚으로 쌓아 올린 경제가 지속가능할 수는 없겠지요. 더 이상 감내할 수 없는 상황이 되면 경기가 급격하게 위축됩니다. 바로 이것이 공황의 시작입니다. 물건은 넘쳐나지만 전혀 팔리지 않으며, 생계유지가 어려운 사람들은 심지어 목숨을 끊기도 합니다. 이 얼마나 부조리

단, 너무 많은 산업, 너무 많은 상업을 소유하고 있기 때문이다. 사회가 자유롭게 사용할 수 있는 생산력은 이미 부르주아적 소유관계를 장려하는 데에는 봉사하지 않는다. 반대로, 생산력은 이 관계에 견주어 너무 강력해져 있고 이 관계에 의해 방해를 받고 있다. 그리고 생산력이 이 장애물을 파괴하면 곧바로 전체 부르주아사회에 무질서가 닥쳐오며 부르주아적 소유는 존립을 위협받게 된다. 부르주아 관계는 자신이 생산해 낸 부를 수용하기에는 너무 좁아졌다.—부르주아 계급은 이 공황을 무엇을 통해 극복할까? 한편으로는 일정량의 생산력을 억지로 파괴함으로써, 다른 한편으로는 한 상황인가요? 물건이 넘쳐나서 경제가 망하다니.

마르크스와 엥겔스는 이런 부조리한 현상 속에서 생산력과 생산관계의 모순을 발견했습니다. 자본주의적 생산관계(노동자-자본가)에서 생산과 분배는 다음과 같이 이루어집니다. 자본가는 이윤 추구를 목적으로 '생산' 활동을 하며, 재화의 '분배'는 주로 임금 소득을 얻은 노동자의 구매 행위를 통해 실현되지요. 앞서 설명했듯이 공황 국면이 되면 생산된 재화들이 제대로 판매되지 않는 상황이 벌어집니다. 이러한(자본가는 이윤 목적으로 생산을 하고 노동자는 자신이 받은 임금으로 재화를 구매하는) 자본주의적 생산관계로는, 끊임없이 발전하는 생산력을 통해 시장에 쏟아져 나오는 재화들을 제대로 소화하지 못하는 것이지요. 마치 봉건사회 내부에서 나날이 성장하는 상공업이라는 새로운 생산력을 낡은 봉건적 생산관계가 품어내지 못한 것처럼 말이지요. 마르크스와 엥겔스는 자본주의사회에서 끊임없이 성장하는 새로운 생산력을 기존의 자본주의적 생산관계가 제대로 품어내지 못한다고 본 것입니다.

부르주아 계급은 공황이 야기한 위기를 일시적으로 극복합니다. 남아도는 재화들을 폐기 처분하고, 구조조정이라는 명분으로 노동자 정리 해고 및 자산 매각 등을 통해 공황에 대처하지요. 자신이 통제할 수 없을 만큼 성장해버린 생산력을 억지로 파

새로운 시장을 획득하고 기존 시장을 더욱 철저히 착취함으로써. 결국 무엇을 통해서? 조금 더 전면적이고 강력한 공황을 준비하고, 공황을 예방할 수 있는 수단을 줄임으로써.

부르주아 계급이 봉건제를 타도하는 데에 사용한 무기는 이제 부르주아 계급 자신을 겨누고 있다.

괴하는 것이지요. 마치 덩치가 커 옷이 맞지 않게 된 아이가 웃자란 살을 억지로 베어내 피를 철철 흘리며 기존의 옷을 입는 것처럼 말입니다. 다른 한편으로는 새로운 시장을 개척하거나(예컨대, 새로운 사업 아이템 발굴) 기존 시장을 더욱 철저히 착취하는(예컨대, 비정규직을 대규모로 도입하거나 하청업체를 쥐어짜는) 방식으로 위기를 돌파하기도 합니다. 하지만 마르크스와 엥겔스가 보기에 이러한 조치들은 미봉책일 뿐입니다. 그런 조치들을 취하면 취할수록 향후 공황 시기가 왔을 때 사용할 수 있는 대처 방법이 줄어들 수밖에 없으며, 결국 더 강력한 공황에 노출될 수밖에 없다고 본 것입니다. 부르주아 계급이 봉건제를 타도하는 데에 사용한 무기(생산력과 생산관계의 모순)는 이제 부르주아 계급 자신을 겨누고 있습니다.

그러나 부르주아 계급은 스스로에게 죽음을 가져다줄 무기만을 벼려온 것은 아니다. 그들은 이 무기를 사용할 사람들도 만들어냈다. 현대적 노동자, 프롤레타리아를.

부르주아 계급이, 즉 자본이 발달하는 것만큼 프롤레타리아 계급, 즉 현대 노동자 계급도 발전한다. 그들은 노동을 하는 동안만 생존하며, 그들의 노동이 자본을 증식하는 동안만 노동을 한다. 자신의 몸을 한 조각씩 팔아야 하는 이 노동자는 다른 모든 판매 제품과 마찬가지로 하나의 상품이며, 마찬가지로 경쟁의 모든 변화에, 시장의 모든 변동에 내맡겨진다.

프롤레타리아의 출현

자본주의사회에서 자본가와 노동자는 불가분의 관계입니다. 자본가는 생산수단으로 기업을 소유하고 있지만 혼자만의 힘으로 상품을 생산할 수는 없습니다. 때문에 근로 계약을 맺고 노동자를 고용합니다. 자본주의가 발전할수록 사회의 다양한 영역에서 자본주의적 생산관계가 확대되어 노동자 계급 역시 질적으로 양적으로 크게 성장합니다. 노동자 계급은 자본가로부터 받는 임금으로 생계를 해결하기 때문에, 자본가에게 고용되어 노동하는 동안에만 생존할 수 있습니다. 한편, 자본가는 노동자에게 지급하는 인건비 이상을 벌 수 있을 때만, 그래서 자신이 보유한 자본을 증식시킬 수 있는 상황에서만 노동자를 고용합니다. 노동자는 예전의 노예처럼 자신의 몸 전체가 예속되지는 않지만 하루 24시간 중 일부("한 조각씩")를 자본가에게 판매합니다. 이렇듯 자본주의사회에서는 노동자 역시 시장에서 거래되는 상품일 뿐이며, 결국 노동력의 판매 여부(고용 여부)는 전적으로 시장의 상황 변화에 달려 있습니다.

프롤레타리아의 노동은 기계장치의 확대와 분업 때문에 독립적 성격을 모두 잃었고, 노동자도 노동에서 아무런 흥미도 못 느끼게 되었다. 노동자는 기계의 단순한 부속물이 되고, 부속물로서 가장 단순하고 단조롭고 가장 쉽게 습득할 수 있는 손동작만을 요구받게 되었다. 그러므로 노동자가 유발하는 비용은 노동자가 자신의 생계와 종족의 번식에 필요한 생활 수단만으로 한정된다. 그런데 한 상품의 가격, 노동의 가격 또한 그들의 생산비와 같다. 따라서 노동의 불쾌함이 증대함에 따라 같은 비율로 임금은 감소한다. 여기에서 더 나아가, 기계 장치와 노동의 분업이 증가함에 따라

노동력의 가격

기계장치가 도입되고 분업이 확대되면서 이전과는 비교할 수 없을 정도로 생산력이 발전했습니다. 하지만 인간이 하던 일을 기계가 대체하고 일련의 작업을 분할해서 여러 개의 단순 반복 작업으로 나누면서 노동은 단순하고 단조로우며 지겨운 일이 되었습니다. 찰리 채플린은 걸작 영화 〈모던 타임즈〉에 그러한 생산 현장의 모습을 풍자적으로 담아냈지요. 노동이 단순하고 단조로운 작업이 되자 여성과 어린 아이로 쉽게 숙련공을 대체할 수 있게 되면서 임금 수준이 크게 하락해 최저생계비(생존과 번식에 필요한 최소한도) 수준으로 떨어졌습니다. 결과적으로, 노동이 지겨워질수록 오히려 임금은 감소하게 되었습니다. 기계의 속도가 빨라지면서 노동 강도가 강화되고, 다른 노동자로 쉽게 대체될 수 있다는 불안감에 장시간 노동도 감수하는 분위기가 형성됩니다.

마르크스는 여기에서 '노동의 가격'이라는 표현을 사용했는데, 이후 저작에서는 '노동력의 가격'이라고 용어를 수정했습니다. 엄밀하게 보았을 때 노동labor과 노동력labor power은 다른 개념이기 때문입니다. 임금을 '노동의 가격'이라고 표현하면 자신이 행한 노동의 양만큼 임금을 받는다는 느낌을 받지요. 하지만 마

그 비율만큼, 노동시간의 증대를 통해서든 일정 시간에 요구되는 노동의 증가나 기계의 속도 증대 등을 통해서든, 그만큼 노동의 양도 증가한다.

르크스는 《자본론》에서 노동자가 받는 임금은 노동자가 일터에서 행한 노동의 양보다 적을 수밖에 없음을, 그리고 바로 그 차액, 즉 착취당한 노동인 '잉여가치'에서 자본가의 이윤이 발생함을 수학적으로 증명했습니다. 그런 이유로 임금은 '노동의 가격(가치)'이 될 수 없으며 '노동력의 가격(가치)'임을 논증했지요. 우리는 임금을 받아서 생계를 꾸려 다음날 출근해 노동할 수 있는 능력, 즉 노동력을 유지할 수 있습니다. 그런 의미에서 임금은 노동력의 가격, 즉 노동력의 재생산 비용입니다.

원숭이도 이해하는

현대 산업은 가부장적 장인의 소규모 작업장을 산업 자본가의 대공장으로 바꾸었다. 공장에 모여든 노동자 대중은 군대식으로 조직된다. 그들은 하급 산업 사병들로서 하사관이나 장교의 완전한 위계질서와 감시 아래에 놓인다. 그들은 부르주아 계급, 부르주아 국가의 노예일 뿐만 아니라, 매일 매시간 기계에 의해, 감독자에 의해, 무엇보다도 공장 주인 개별 부르주아 자체에 의해 노예가 된다. 이 전제정치는 그들의 목적이 영리에 있다고 공언하면 할수록, 더욱 더 더럽고 혐오스럽고 잔인한 것이 된다.

육체노동에 필요한 숙련과 힘의 과시가 덜 요구될수록,

공산당 선언

전 사회의 프롤레타리아화

자본주의 시장 쟁탈전은 전쟁입니다. 승리를 위해서는 목숨도 바쳐야 하는 전쟁과도 같은 것입니다. 오로지 이윤 추구라는 궁극의 목적을 위해 노동자들은 군대 조직과 동일한 방식인 상명하복과 업무 규율로 조직되어 직장에서 자신의 업무를 수행합니다. 그래야 전쟁을 좀 더 효율적으로 치를 수 있기 때문이지요. 군대 다녀온 사람이 회사 생활 적응 잘 한다는 얘기 많이 들어보셨지요? 그런 이야기가 나오는 것이 어찌 보면 당연합니다.

한편 기계의 도입으로 남성 노동자의 육체적 힘에 대한 의존이 약화되면서 여성 노동자도 충분히 남성 노동자를 대체할 수 있게 되었습니다. 이러한 노동력의 공급 증가는 필연적으로 임금 저하를 유발합니다. 최근 우리 사회에서도 청소년과 이주(외국인) 노동자가 가세하고 비정규직 문제까지 겹치면서 이러한 임금 저하 추세가 지속되고 있는 현실이지요. 월말에 가까스로 입금된 월급조차 월세, 카드 비용, 온갖 공과금으로 금세 빠져나갑니다. 영세 상공인의 처지도 다르지 않습니다. 이들은 새로운 기술의 발전으로 도태되거나 대기업과의 경쟁에서 패배해 순식간에 프롤레타리아 계급으로 전락합니다. 이런 과정을 통해 인구의 대다수가 프롤레타리아 계급이 되지요.

즉 현대 산업이 발전할수록 남성의 노동은 점점 더 여성의 노동에 의해 밀려난다. 성과 연령의 차이는 노동자 계급에게 이미 사회적 중요성이 없다. 있는 것이라곤 연령이나 성에 따라 각각 비용이 달라지는 노동 도구뿐이다.

노동자가 자신의 노동 임금을 현금으로 받음으로써 공장주에 의한 노동자의 착취가 끝나면, 이번에는 다른 부르주아 계급, 즉 집주인, 소매 상인, 전당포 주인 등이 그들에게 달려든다.

지금까지의 하층 중산 계급, 즉 소기업가, 상인과 연금생활자, 수공업자와 농민, 이들 모든 계급은 프롤레타리아

잉여가치론 한 줄 요약

"자본가의 이윤 = 노동자의 빼앗긴 시간"

원숭이도 이해하는 공산당 선언

계급으로 전락한다. 이것은 부분적으로는 그들의 소자본이 거대 산업의 경영에 족하지 않아 대자본가와의 경쟁에서 졌기 때문이고, 부분적으로는 그들의 숙련도가 새로운 생산 방식에 의해서 가치를 잃었기 때문이다. 이리하여 프롤레타리아 계급은 인구의 모든 계급으로부터 보충을 받는다.

찰리 채플린Charlie Chaplin의 걸작 〈모던 타임즈Modern Times〉의 한 장면. 기계의 부속품으로 전락하는 자본주의사회 노동자의 모습을 풍자적으로 묘사했다. © Charlie Chaplin

원숭이도 이해하는

공산당 선언

프롤레타리아 계급은 다양한 발전 단계를 거친다. 부르주아 계급에 대한 그들의 투쟁은 그들의 존재와 함께 시작된다.

처음에는 개별 노동자가, 다음에는 한 공장의 노동자가, 그 다음에는 한 지역의 한 노동 부문의 노동자가 자신을 직접 착취하는 개별 부르주아에 맞서 투쟁한다. 그들은 부르주아적 생산관계를 공격할 뿐만 아니라, 생산도구 자체를 향해서도 공격을 퍼붓는다. 그들은 외국에서 들어온 경쟁 상품을 파괴하고, 기계를 때려 부수고, 공장에 불을 지르면서, 몰락한 중세적 노동자의 지위를 되찾으려 시도한다.

투쟁의 시작과 러다이트 운동

프롤레타리아 계급이 대규모로 형성되었다고 해서 그들의 의식이 순식간에 발전하는 것은 아닙니다. 처음에는 의식이 깨어난 한 명의 노동자로 시작하지만, 곧 하나의 공장이 바뀌고 뒤이어 한 지역의 노동자들이 깨어나는 방식으로 서서히 발전해갑니다. 한국에서는 전태일 열사가 "근로기준법을 준수하라"고 외치며 자신의 몸에 불을 댕기는 것으로 출발해서, 한 공장이 바뀌고 뒤이어 지역과 업종에서 공통점과 공감대를 형성한 노동자들이 단결하기 시작했듯 말이지요.

초창기 노동 운동의 양상이 이 부분에 묘사되어 있는데, 그 중 유명한 것이 바로 '러다이트 운동'입니다. 영국 산업혁명 시기에 방직기 등 기계의 발명으로 수공업 분야 숙련 직조공들의 지위가 불안정해지면서 일자리를 잃게 되었지요. 이러한 상황에 분노한 노동자들이 기계 파괴 운동을 일으킵니다. 주로 19세기 초반에 영국 직물 공업 지대를 중심으로 일어났는데 네드 러드Ned Ludd 혹은 킹 러드King Ludd라 불리는 사람이 주도했다고 인구에 회자되면서 러다이트Luddite 운동으로 불렸지요. 비밀결사의 형태를 띠고 있었으며 야간에 복면을 하고 게릴라 방식의 파괴 활동을 벌였습니다. 하지만 마르크스와 엥겔스는 러다이트 운동이 갖는

러다이트 운동을 기록한 대표적인 그림.

한계를 날카롭게 지적했습니다. 엥겔스는 "한 계급으로서 노동자들이 부르주아지에게 처음으로 명백하게 대응한 것"이라고 평가하면서도 "새로운 대항 형태를 찾아야 했다"(《영국 노동 계급의 상황》)고 했고, 마르크스는 "노동자가 기계와 자본에 의한 기계의 사용을 구별하고 물질적 생산수단을 공격하는 것으로부터 사회형태를 공격하는 것으로 옮겨가는 데에는 시간과 경험이 필요했다"(《자본론》)고 했습니다. 한마디로 안타깝게도 러다이트 운동 세력이 투쟁의 방향을 잘못 잡았다는 것이지요. 솔직히 기계 자체가 무슨 잘못이 있겠습니까. 기계는 사용하기에 따라서 인간을 좀 더 편하고 풍요롭게 만들어줄 수도 있는 도구일 뿐이지요. 다만 이런 기계가 자본가 계급의 이윤 추구 목적으로 사용되었을 때 오히려 노동자를 일자리에서 내쫓고 인간을 지루하고 단순한 작업으로 내몰게 되는 결과를 낳는 것입니다. 문제는 기계가 아니라 '자본주의' 시스템에 있다는 겁니다.

이 단계에서 노동자는 전국에 뿔뿔이 흩어져 있고, 경쟁으로 인해 분열되어 있는 대중이다. 어느 정도 다수 노동자의 결집이 있어도 그것은 아직 그들 자신이 단결한 결과가 아니라 부르주아 계급이 단결한 결과이다. 부르주아 계급은 자기 자신의 정치적 목적을 달성하기 위해서 전체 프롤레타리아 계급을 동원해야 하며, 당분간은 그것이 가능하기 때문이다. 따라서 이 단계에서 프롤레타리아는 적 자체가 아니라 적의 적, 즉 절대왕정의 잔당, 지주, 비산업적 부르주아, 그리고 소시민과 싸운다. 이렇게 해서 전체 역사의 운동은 부르주아 계급의 손에 집중되고, 이렇게 해서 얻어진 승리는 모두 부르주아 계급의 승리이다.

부르주아의 프롤레타리아 동원

프롤레타리아 계급의 의식이 성장하면서 지역이나 업종을 중심으로 자신들의 이익을 위해 단결했다고 하더라도 아직 그들이 사회에서 유력한 세력으로 등장하기에는 힘이 부족한 상황이었습니다. 오히려 부르주아 계급의 이익을 위해 동원당하고 활용당하기 일쑤였지요. 영국의 정치 개혁 진행 과정을 살펴보면 이를 여실히 알 수 있습니다. 1832년 영국의 선거법 개정은 부르주아 계급이 정치에 참여할 수 있는 활로를 연 중요한 사건입니다. 영국에서 1832년 이전에는 소수의 특권층만이 의원 선거에서 투표권을 행사할 수 있었지요. 하지만 좀 더 많은 사람들이 정치에 참여할 수 있어야 한다는 참정권 확대 운동이 부르주아 계급 주도로 일어났고, 노동자들 역시 정치 참여에 대한 희망을 품고 이 운동에 참여했습니다. 하지만 1832년의 선거법 개정에서 선거권을 획득한 이들은 어느 정도의 재산을 보유한 부르주아 계급이었습니다. 노동자 계급이 선거권을 얻게 된 것은 그로부터 한참 지난 후(1928년!)였지요. 부르주아 계급은 자신의 목적을 달성하자 노동자 계급을 안중에 두지 않았던 겁니다.

영국 부르주아 계급은 그 유명한 '곡물법' 논란 과정에서도 노동자 계급을 동원해 지주 계급에 맞서 싸워 진정한 승리자가 됩

곡물법 폐지를 위한 〈반곡물법 동맹Anti-corn Law League〉의 1846년 엑시터 홀Exeter Hall 집회를 묘사한 그림.

니다. 곡물법은 지주 계급을 위한 법률이었습니다. 외국으로부터의 곡물 수입을 제한함으로써 영국 국내의 곡물 가격을 높은 수준으로 유지할 수 있었습니다. 이런 상황은 대규모 농지를 보유한 영국의 지주 계급에게 큰 이익이 되었습니다. 하지만 부르주아 계급은 높은 곡물 가격이 불편했습니다. 이들은 자신이 고용한 노동자의 임금을 낮춰야만 더 많은 이윤을 확보할 수 있는데, 곡물 가격이 높으면 임금을 낮추는 데에 한계가 있기 때문이었지요. 노동자 계급의 입장에서도 외국으로부터 곡물을 수입해 가격이 낮아지면 자신들의 주식인 빵 값이 낮아질 것이라 판단해 곡물법에 반대했습니다. 적의 적은 친구라고 했던가요? 서로 이해가 맞아떨어진 부르주아 계급과 노동자 계급이 연합해서 결국 1846년에 곡물법을 폐지시키는 데에 성공했지요. 노동자 계급의 입장에서도 식료품 수입의 확대로 식생활의 일부 개선 효과가 있었지만 곡물법 폐지를 통해 지주 계급에 타격을 가하고 영국 사회에서 더욱 큰 영향력을 획득하게 된 것은 결국 부르주아 계급이었습니다.

그러나 산업 발전과 함께 프롤레타리아 계급이 숫자만 늘어나는 것은 아니다. 프롤레타리아 계급은 점점 더 거대한 대중으로 커지고, 힘이 늘어나며, 점점 더 강하게 그 힘을 느낀다. 기계 장치가 노동의 차이를 점점 더 없애고, 거의 어디에서나 똑같이 낮은 수준으로 임금을 깎아내리기 때문에 프롤레타리아 계급 내부의 이해관계나 생활 상태는 점점 더 비슷해진다. 부르주아들 사이의 경쟁이 심해지고, 그 때문에 상업공황이 일어나면, 노동자의 임금은 점점 더 요동을 치게 된다. 기계장치가 점점 더 급속하게 발전하고 끊임없이 개량이 이루어짐에 따라 노동자의 사회적 위치는 점

단결과 정치투쟁

그럼에도 프롤레타리아 계급의 성장은 계속되고 드디어 사회에 영향을 끼칠 수 있는 유력한 계급으로 등장하게 됩니다. 마르크스와 엥겔스는 본문에서 프롤레타리아 계급이 양적으로, 그리고 질적으로 성장하는 과정을 그려냅니다. 노동자 계급이 단결할 수 있는 것은 서로의 처지가 비슷하기 때문입니다. 단순히 개별 기업에서의 노동자와 자본가가 충돌하던 양상은 노동자 계급이 성장하는 과정에서 점점 계급 간의 충돌 형태를 띠게 되고, 노동자는 투쟁을 통해 지역과 업종의 한계를 넘어 연대하고 단결합니다. 나아가 전국적인 조직을 건설하며 파업과 투쟁을 위한 기금을 모으기도 하지요. 마르크스와 엥겔스는 철도와 같은 교통수단의 발달을 통해 노동자 계급이 지역을 넘어 연결되고 단결하여 국민적 투쟁 및 단일한 계급투쟁으로 결집될 수 있다고 보았습니다. 최근에는 인공위성 통신망과 인터넷을 통해 전 세계가 실시간으로 연결되고 페이스북, 트위터 같은 소셜 네트워크 서비스를 통해 한 개인도 수많은 사람들에게 소식을 전할 수 있는 시스템이 구축되었습니다. 국경을 넘어 지구적 차원에서의 연대와 단결을 이끌어 낼 수 있는 가능성이 한층 더 열린 것이지요.

점 더 불안정해지고 개별 노동자와 개별 부르주아 사이의 충돌은 점점 더 두 계급 간의 충돌이라는 성격을 띠어간다. 이리하여 노동자는 부르주아에 대항하는 동맹을 맺기 시작한다. 그들은 노동 임금을 고수하기 위해 모임을 갖는다. 그들은 지속적인 연맹을 조직하고, 불시의 봉기를 위해 식량을 준비한다. 곳에 따라 투쟁은 폭동으로 분출된다.

때로는 노동자가 승리하지만 승리는 일시적인 것일 뿐이다. 투쟁 본래의 성과는 직접적인 성공에 있지 않고, 점점 더 확산되어 가는 노동자의 단결에 있다. 이 단결은 거대 산업이 만들어내고 서로 다른 지방에 있는 노동자들을 연

노동자와 자본가 사이의 투쟁에서 노동자는 때로는 이기기도 때로는 지기도 하지만 중요한 것은 개별적인 승패가 아닙니다. 진정한 성과는 투쟁 과정을 통해 견고하게 성장하는 노동자 계급의 단결입니다. 결국 이 모든 것은 정치투쟁으로 귀결됩니다. 개별 회사 차원의 임금 인상 여부나 고용 안정 여부도 중요하지만, 투쟁을 통해 노동자 계급이 자신에게 진정으로 중요한 것은 자신들의 처지와 조건 자체를 규정하는 법과 제도, 그리고 사회 시스템(국가)이라는 사실을 깨닫기 때문입니다. 실제 노동법의 한 조항이 개악되느냐 개선되느냐에 따라서 노동자 계급의 근로 조건이 크게 변하는 것이 자명한 사실이지요. 그런 이유로 노동자들은 계급적으로 단결하여 자신들이 정치조직과 정당을 건설하기에 이릅니다. 이렇게 확보된 정치력으로 현실 정치에 개입해 자신들의 이익을 쟁취합니다.

마르크스와 엥겔스는 그 좋은 사례로 영국에서 10시간 노동법이 도입되는 과정을 언급합니다. 19세기 영국에서 노동자 계급은 비인간적으로 긴 노동시간을 단축하자는 캠페인을 벌이면서 하루 노동시간을 제한하는 공장법 제정을 추진했습니다. 부르주아 계급은 앞서 언급한 '곡물법' 폐지에서 노동자 계급의 지지를 얻기 위해 울며 겨자 먹기로 공장법 제정에 찬성했지요. 그렇게 해서 1844년에 여성의 하루 노동시간을 12시간으로 제한하는

결시켜 주는 교통수단에 의해 더욱 촉진된다. 수많은 지방적 투쟁을 동일한 성격을 지닌 단일한 국민적 투쟁, 단일한 계급투쟁으로 결집하기 위해서는 이 연결만 있으면 충분하다. 그러나 모든 계급투쟁은 정치투쟁이다. 중세의 시민들이 시골길을 달리면서 몇 백 년에 걸쳐서 이루었던 단결을 현대 프롤레타리아는 철도를 달려 몇 년 만에 해냈다. 이렇게 하여 프롤레타리아는 계급으로, 그리고 정당으로 조직된다. 이 조직은 노동자 자신들끼리의 경쟁에 의해서 매 순간 다시 파괴된다. 그러나 이 조직은 그때마다 부활해 더 단단해지고 튼튼해지고 강력해진다. 이 조직은 부르주아 계급

공장법이 시행되었습니다. 하지만 노동시간을 하루 10시간 수준으로 더 단축해야 한다는 캠페인이 계속됐고, 결국 1847년에 미성년자와 여성의 하루 노동시간을 10시간으로 단축하는 법안이 통과됩니다. 부르주아 계급은 이 법안에 반대했지만, 곡물법 폐지로 호되게 당한 지주 계급들이 부르주아 계급에 대한 복수심에 불타 10시간 단축 법안에 찬성하면서 노동자 계급의 의사가 실현됩니다. 부르주아 계급과 지주 계급의 갈등과 분열을 잘 활용해 노동자 계급이 정치적인 승리를 거둔 좋은 예입니다.

상호의 분열을 이용함으로써 노동자 개인들의 이익을 법률 형태로 승인하라고 강요한다. 영국의 10시간 노동법이 그것이다.

'하루 8시간 노동' 도입에 있어서도 마르크스와 엥겔스는 선구자적 역할을 했다. 이들이 활동한 〈국제노동자연맹〉은 1866년 총회에서 "노동일(노동자가 출근부터 퇴근까지 하루 일하는 시간)의 법률적 한계를 8시간으로" 할 것을 제안했다. 1917년 10월 혁명 이후 레닌의 소비에트 정부가 출범하면서 역사상 최초로 8시간 노동제를 국가 차원의 법률로 선포한다.

원숭이도 이해하는

공산당 선언

낡은 사회 내부에서 일어나는 충돌은 여러 면에서 프롤레타리아 계급의 발전 과정을 촉진할 수밖에 없다. 부르주아 계급은 끊임없는 투쟁 속에 놓여 있다. 처음에는 귀족에, 나중에는 산업 발전에 모순되는 이해관계를 지닌 부르주아 계급 일부에, 또 외국 부르주아 계급에 맞서서 투쟁을 벌인다. 모든 투쟁에서 그들은 프롤레타리아 계급에게 호소하고 그들에게 지원을 요청해야 하며, 이렇게 하여 프롤레타리아 계급을 정치 운동에 끌어들여야 한다고 생각한다. 이리하여 부르주아 계급은 스스로 자기들의 고유한 교육 요소, 즉 자기 자신에게 향해지는 무기를 프롤레타리아 계급에게 공급하는 셈이 된다.

프롤레타리아의 지식

앞서 언급한 사례를 통해 알 수 있듯이, 부르주아 계급의 입장에서는 현실 정치의 여러 갈등 국면에서 자신들의 이익을 관철시키기 위해 사회의 다수를 이루는 프롤레타리아 계급을 자신의 편으로 견인해 여론을 유리하게 이끌 필요가 있습니다. 부르주아 계급은 신문이나 잡지 등의 다양한 매체를 통해 프롤레타리아 계급을 특정한 정치적 방향으로 이끌도록 여론을 조성합니다. 그런데 이러한 과정에서 부르주아 계급의 지식과 교양이 프롤레타리아 계급에게 공급됩니다. 이를 통해 프롤레타리아 계급은 정치적으로 자각하고 부르주아 계급을 통해 얻은 지식과 교양을 오히려 그들과 싸우기 위한 무기로 사용하게 됩니다.

오랜 기간 지식과 교양은 유한계급(지배계급)의 독점물이었습니다. 종일 일하면서 지배계급의 몫까지 생산해야 하는 노예나 농노에게 지식과 교양을 쌓을 여유 따위는 없었지요. 그것이 신분제 사회의 엄연한 현실이었습니다. 노예와 농노들은 신화나 종교 등의 기제를 통해 지배계급에 순응하도록 길들여졌습니다. 하지만 역사에 새로 모습을 드러낸 부르주아 계급은 신화와 종교가 아닌 과학과 합리성이라는 새로운 사상에 기초를 둔 세력입니다. 부르주아 계급이 사회의 지배세력이 되면서 이들은 기

청년 시절 마르크스는 언론 활동을 통해 자신의 뜻과 지식을 세상에 알리려 했고, 특히 〈라인 신문〉에서 주필로 맹렬히 활동했다. 그림은 독일(프로이센) 정부의 탄압으로 인한 〈라인 신문〉 폐간호에 실린 삽화. 신의 불을 훔쳐 인간에게 전해준 선지자先知者 '프로메테우스'에 자신을 빗대어 표현했다.

존의 신화와 종교의 자리를 과학과 합리성이라는 자신들의 세계관으로 대체했습니다. 이것을 가능하게 한 기제가 바로 의무교육이지요. 공동체의 구성원은 누구나 의무적으로 학교에서 과학과 합리성에 기초한 교육을 받도록 한 것입니다. 마치 중세에 누구나 의무적으로 교회에 가서 설교를 들어야 했던 것처럼 말이지요.

의무교육의 도입은 부르주아 계급의 경제적 이익을 위해서 필요한 조치였습니다. 수많은 노동자들이 복잡한 기계장치로 가득 찬 공장에 모여서 톱니바퀴가 맞물려 돌아가듯 한 치의 오차 없이 업무를 수행하기 위해서는, 기본적인 문자 해독 능력 및 업무 지시를 이해할 수 있는 공통 지식이 요구되었기 때문이지요. 이것을 국가적 차원에서 준비하고 지원하는 것이 바로 의무교육입니다. 하지만 프롤레타리아 계급은 획득한 지식과 교양을 활용해 부르주아 계급에 맞설 무기를 만들어냅니다. 부르주아가 가르쳐준 글자로 부르주아를 비판하는 책과 유인물을 쓰고 함께 읽습니다. 부르주아가 가르쳐준 과학과 합리성을 응용하여 자본주의 체제의 모순을 비판적으로 인식하고 이해하게 되는 것입니다.

원숭이도 이해하는

나아가 이미 우리가 본 것처럼 산업의 진보에 의해서 지배계급의 모든 구성원은 프롤레타리아 계급으로 추락하거나 적어도 생활 조건을 위협받게 된다. 이들 역시 프롤레타리아 계급에게 대량의 교육 요소를 공급한다.

마침내 계급투쟁이 결전에 이르는 시기가 오면, 지배계급 내부에서 그리고 낡은 사회 전체의 내부에서의 분해/해체 과정은 극히 격렬하고 예민한 성격을 띠기 때문에 지배계급의 일부는 자기 계급을 버리고 혁명적 계급에, 미래를 손 안에 쥐고 있는 계급에 합류한다. 그래서 예전에 귀족의 일부가 부르주아 계급으로 넘어갔듯이 이제는 부르주아 계

공산당 선언

인텔리의 계급 배반

한편 부르주아 계급의 일부는 시장의 경쟁에서 뒤처지거나 패배하여 프롤레타리아 계급에 합류하게 됩니다. 이들은 자신의 몰락한 처지에 대한 불만으로 체제에 대한 비판적 시각을 갖게 되며, 마치 조선 후기 몰락한 양반들이 농민 항쟁에 사상적 이론적 자양분을 제공하는 것과 같은 역할을 하게 됩니다. 또한 부르주아 지식 계층 일부는 자본주의사회 내부의 모순과 갈등, 그로 인한 부조리한 사회 현실을 접하면서, 사회정의 실현이라는 대의를 위해 자신의 계급을 배신하고 마르크스나 엥겔스처럼 프롤레타리아 계급의 편으로 투신합니다. 이들 역시 프롤레타리아 계급에 지식과 교양을 공급하는 역할을 하게 되며 결과적으로 프롤레타리아 계급의 역량 강화를 낳습니다.

실제로 러시아 혁명의 주역인 레닌, 쿠바 혁명의 지도자인 피델 카스트로와 체 게바라, 중국 혁명의 마오쩌둥과 저우언라이, 베트남 혁명의 호찌민이 모두 지식 계층, 이른바 인텔리intelligentsia였습니다.

급의 일부가, 특히 전체 역사 운동의 이론적 이해에 힘을 썼던 부르주아 사상가 일부가 프롤레타리아 계급으로 넘어간다.

많은 인텔리 출신 혁명 지도자들은 자신을 '프롤레타리아화'하면서 역사 발전에 큰 역할을 해왔다. 윗줄 왼쪽부터 시계 방향으로 러시아 혁명의 레닌, 쿠바 혁명의 체 게바라와 피델 카스트로, 중국 혁명의 마오쩌둥과 저우언라이, 베트남 혁명의 호찌민.

오늘날 부르주아 계급에 맞서고 있는 모든 계급 가운데 오직 프롤레타리아 계급만이 진정으로 혁명적인 계급이다. 다른 계급은 거대 산업과 함께 쇠퇴하고 멸망한다. 프롤레타리아 계급이 거대 산업의 유일한 생산물이다. 중산층, 소기업가, 소상인, 수공업자, 농민, 이들은 모두 중산층으로서의 자기 존재를 파멸로부터 지키기 위해서 부르주아 계급과 싸운다. 그러므로 이들은 혁명적이 아니라 보수적이다. 나아가 그들은 반동적이다. 그들은 역사의 수레바퀴를 거꾸로 돌리려고 한다. 그들이 혁명적이라면, 그것은 자기에게 곧 닥칠 프롤레타리아 계급으로의 이행을 보았기 때문이

혁명적인 계급

마르크스와 엥겔스는 자본주의사회가 발전해 생산력이 고도화될수록 수공업자, 소상공인, 농민 등의 중산층이 거대 자본가 계급과의 경쟁에서 자신의 기반을 잃게 될 것으로 보았습니다. 이들은 시장의 무한 경쟁에서 살아남기 위해 거대 자본가 계급에 맞서 투쟁하지만, 기계화와 자동화를 통해 대량생산 체제를 갖춘 거대 자본가에게는 결국 역부족일 수밖에 없습니다. 이런 이유로 자본주의사회가 고도화될수록 사회는 양극화되고 중간층의 대다수는 프롤레타리아 계급으로 전락합니다. 이런 맥락에서 보았을 때, 자본주의사회에서 중산층이 자신의 현재 지위를 유지하려는 일련의 투쟁은 결국 역사의 수레바퀴를 거꾸로 돌리려는 행위입니다. 중산층은 오직 자신의 미래, 즉 프롤레타리아 계급의 이익을 위해서 투쟁할 때에만 혁명적일 수 있습니다. 요컨대 자본주의사회가 발전하고 고도화될수록 프롤레타리아 계급을 제외한 여타 중간 계급은 쇠퇴할 수밖에 없으며, 오직 프롤레타리아 계급만이 양적 질적으로 성장합니다. 마르크스와 엥겔스는 이렇게 성장하는 프롤레타리아 계급을 시대에 부합하는 혁명적인 계급으로 보았습니다.

그에 반해 마르크스와 엥겔스는 룸펜 프롤레타리아, 즉 도시

며, 현재의 이익이 아니라 미래의 이익을 지키기 위해서이며, 자신의 입장을 버리고 프롤레타리아 계급의 입장에 서기 위한 것이다.

룸펜 프롤레타리아 계급, 낡은 사회의 최하층으로부터 나온 소극적인 이 부패물은 프롤레타리아 혁명에 의해서 때로는 운동에 던져지기도 하지만, 일반적 생활 상태로 보면 반동적 책모에 기꺼이 매수되기 쉽다.

의 빈민은 그날그날의 생존에 모든 것을 걸기 때문에 부르주아 계급에게 매수되어 반동적인 활동에 가담하기 쉽다고 보았습니다. 도시 빈민 모두가 그런 것은 아니지만, 일당을 받고 철거민이나 노점상을 폭행하는 용역 깡패라든지 푼돈을 받고 극우 반공집회에 동원되는 빈곤층 노인들의 모습에서 마르크스와 엥겔스가 우려했던 룸펜 프롤레타리아 계급의 행동 양식을 목격할 수 있습니다.

낡은 사회의 생활 조건은 프롤레타리아 계급의 생활 조건 속에서 이미 사라졌다. 프롤레타리아는 재산이 없다. 아내나 자식에 대한 그들의 관계는 부르주아적 가족 관계와는 더 이상 아무런 공통점이 없다. 영국과 프랑스, 미국, 독일에서 동일하게 이루어지는 현대적 산업 노동, 자본의 현대적인 억압은 프롤레타리아로부터 모든 국민성을 벗겨내버렸다. 법률과 도덕, 종교는 프롤레타리아에게는 모두 부르주아적 편견이며, 이것들의 뒤에는 그만큼 많은 부르주아적 이익이 숨겨져 있다.

이전의 모든 지배계급은 전체 사회를 자신의 이익을 위

모든 획득 양식의 폐기

프롤레타리아 계급은 재산이 없습니다. 충분한 재산이 있다면 그 누가 자신의 노동력을 판매해 생계를 유지하겠습니까? TV 드라마에서나 나오는 유복하고 화목한 부르주아 가족의 모습은 프롤레타리아 가족의 모습과 얼마나 동떨어져 있습니까. 화폐를 벌어야만 생존과 번식 확률을 높일 수 있는 자본주의사회에서 가족의 각 구성원들은 하루 대부분의 시간을 직장에서 학교에서 생존경쟁의 아수라장으로 내몰립니다. 가족 간의 모든 감상적인 유대들은 생존을 위해 화폐를 추구해야만 하는 무한 경쟁의 차가운 자본주의적 관계 속에서 설 자리를 잃어갑니다. 더욱 소름끼치는 것은, 대부분의 사람들이 이런 삶이 마치 인간 사회의 당연한 모습인 것처럼 체화하고 내면화한다는 데에 있습니다. 마치 과거 노예들이 신화나 종교 따위에 세뇌되어 스스로가 타고난 노예임을 자연스럽게 받아들였던 것처럼 말이지요.

과거의 노예주, 봉건영주가 그랬듯이 현대의 부르주아 계급 역시 지배계급으로서 사회 시스템을 자기 계급의 이해에 맞도록 조직하고 조율합니다. 노예제 시절에는 노예를 소유하는 것이 합법적인 행위로 인정되었습니다. 봉건 시대에는 신분으로 사람을 나누는 것이 상식이었지요. 이런 제도와 시스템을 통해 지배

한 조건에 복종시키고, 그렇게 함으로써 이미 획득한 사회적 지위를 보장받으려고 노력했다. 프롤레타리아는 지금까지 지켜온 자기의 고유한 획득 양식을 폐기한다. 모든 획득 양식을 폐기함으로써, 사회적 생산력을 획득할 수 있다. 프롤레타리아에겐 지켜야 할 것이 아무것도 없다. 그들은 지금까지의 모든 사적 안전이나 사적 보장을 파괴한다.

계급은 자신들의 이익을 보호했습니다. 마찬가지로 자본주의 시대에는 모든 가치와 권리의 최상위에 '소유권'이 존재합니다. 부르주아 계급이 바로 이 소유권(특히 생산수단에 대한)을 통해 사회를 지배하고 통제하기 때문입니다. 공공의 이익을 보호하고 대중의 복리를 증진하기 위한 여러 시도들은 '사유재산 침해'라는 거대한 장벽 앞에 가로막힙니다. 부르주아 계급은 공장이나 기업 등의 생산수단에 대한 '소유권'을 법률로 보장받음으로써 노동자를 착취하고 막대한 이윤을 오직 자신의 것으로 전취할 수 있는 권리를 '합법적으로' 누립니다.

자본주의사회의 이른바 도덕과 종교는 철저하게 부르주아 계급의 이익에 봉사하도록 변형됩니다. 중세 시절 기독교는 돈을 빌려주고 이자를 받는 행위를 죄악으로 취급했지만, 자본주의 시대의 기독교는 이윤 추구 행위에 하느님의 은총을 빌어주며 심지어 교회 스스로가 자본주의 기업을 닮아갑니다. 신도들에게 헌금과 십일조十一租를 강요하며 심지어 목회자들끼리 교회를 사고팔기도 하지요. 기존의 도덕은 힘을 잃고 모든 가치판단 기준이 '돈'으로 획일화되어, 심지어 환경 파괴의 심각함을 주장할 때조차 피해 예상 '액수'를 추산하며 사람들을 설득합니다. 이 모든 법률, 종교, 도덕의 배후에는 부르주아 계급의 이익이 숨겨져 있습니다. 자본주의가 들어선 세계 모든 곳에서는 정도의 차이만

마르크스의 역사 발전 5단계

원시 공산제→고대 노예제→중세 봉건제→자본주의→공산주의

원숭이도 이해하는 공산당 선언

있을 뿐 이와 같은 현상이 발생하며, 프롤레타리아 계급은 각각의 국민국가적 특성에서 벗어나 세계적으로 동일한 상황에 처하게 됩니다.

마르크스와 엥겔스는 이야기합니다. 이렇게 다수의 프롤레타리아를 착취해 소수만을 살찌우는 일체의 사회 경제 시스템을 폐기해야 한다고. 그래야만 프롤레타리아 계급 스스로가 사회적 생산력을 획득할 수 있다고(지배계급에게 착취당하는 노예가 아닌 스스로가 사회적 생산의 주인이 된다는 의미). 왜냐면 프롤레타리아 계급 입장에서는 지금까지 존재했던 사회 경제 시스템에서 지켜내고 강화해야 할 만한 것 따위는 아무것도 없기 때문이라고.

원숭이도 이해하는

공산당 선언

지금까지의 모든 운동은 소수의 운동, 또는 소수의 이익을 위한 운동이었다. 프롤레타리아 운동은 엄청난 다수의 이익을 위한 엄청난 다수의 독립적인 운동이다. 현 사회의 최하위 계층인 프롤레타리아 계급은 공식 사회를 형성하는 계층들의 전체 상부구조를 공중으로 날려 버리지 않고서는 일어설 수도 없고 똑바로 서 있을 수도 없다.

내용상으로는 아니더라도, 형식상으로 부르주아 계급에 대한 프롤레타리아 계급의 투쟁은 일단은 국가 내부의 투쟁이다. 각 나라의 프롤레타리아 계급은 자국의 부르주아 계급부터 먼저 해결해야 한다.

다수자 운동과 부르주아 타도

프롤레타리아 계급이 역사에 등장하기 이전에 노예나 농노 같은 근로대중들은 사회의 다수를 이루었지만 능동적으로 사회를 변혁하기 위한 운동을 벌이지 못했습니다. 착취와 억압에 대한 즉자적 분노로 항쟁을 벌이기도 했지만, 그것은 분노의 폭발이었을 뿐 새로운 사회를 만드는 운동으로 이어지지 못했습니다. 봉건사회를 무너뜨리고 자본주의사회 건설을 주도한 세력 역시 다수의 근로대중이 아닌 소수의 부르주아 계급이었습니다.

마르크스와 엥겔스는 프롤레타리아의 운동이 자본주의사회 대부분의 구성원에 의한, 압도적 다수의 운동이라는 점에 주목했습니다. 역사에서 처음으로 다수가 (단순한 즉자적 분노에 의한 행동을 넘어) 새로운 사회를 건설하는 '운동'에 나선 것이라는 말입니다. 다수가 서로 동질감을 느끼며 연대할 수 있고 그 힘으로 기존 지배계급이 만들어 놓은 지배 질서(상부구조)를 날려버릴 수 있다고 생각했지요. 또한 그렇게 하지 않으면 프롤레타리아 계급은 제대로 일어설 수도 없고 똑바로 서 있을 수도 없다고 이야기합니다. 앞서 마르크스와 엥겔스는 프롤레타리아 계급이 국가의 차이를 뛰어넘는 동질성을 갖게 된다고 말했습니다. 하지만 현실에서 프롤레타리아 계급의 투쟁은 국가 단위를 중심으로 벌

우리는 프롤레타리아 계급 발전의 가장 일반적인 단계들을 그려봄으로써, 현존하는 사회 내부의 다소 은밀하게 전개되던 내란이 공공연한 혁명으로 폭발해 프롤레타리아 계급이 부르주아 계급을 폭력적인 방식으로 타도하고 지배를 확립하는 지점까지 추적했다.

어질 수밖에 없습니다. 기본적으로 일련의 법과 제도가 영향력을 미치는 기본 단위가 국가이기 때문이지요. 이런 이유로 프롤레타리아 계급의 투쟁은 형식에 있어서 국가 내부의 투쟁(내란)이라는 모습을 띠게 됩니다.

여기까지의 내용을 통해 마르크스와 엥겔스는 프롤레타리아가 출현하고 투쟁하고 확대되고 단결하고 발전하는 "계급 발전의 가장 일반적인 단계"를 거쳐 결국 혁명을 통해 부르주아를 타도하고 국가권력을 쟁취하는 과정을 정리하였습니다.

원숭이도 이해하는

공산당 선언

우리가 이미 보아왔듯이 지금까지의 모든 사회는 억압하는 계급과 억압받는 계급의 대립 위에 서 있었다. 그러나 한 계급을 억압할 수 있기 위해서는 적어도 억압받는 계급이 노예적인 생존이나마 이어갈 수 있는 조건들이 보장되어야 한다. 농노는 농노 신분으로 어렵게 코뮌의 일원이 되었고, 소시민도 봉건적 절대왕정의 억압 아래에서 부르주아가 되었다. 이에 반해 현대 노동자는 산업의 진보와 함께 향상하는 대신 자신의 계급 조건 아래로 점점 더 깊이 추락하고 있다. 노동자는 빈민이 되고, 빈곤은 인구나 부보다도 더 급속하게 심화된다. 이로부터 명확하게 알 수 있는 것은 부

지배 능력을 잃은 부르주아

산업혁명의 태동기에 영국 노동자들의 삶은 비참하기 이를 데 없었습니다. 살인적인 노동 강도, 상상을 초월하는 노동시간, 저임금으로 인한 노동자들의 빈곤, 갈수록 극심해지는 빈부격차, 심지어 고대의 노예나 중세의 농노만도 못한 처참한 상황을 목도하며 마르크스와 엥겔스는 자본주의사회의 지속 가능성 자체에 회의감을 느꼈습니다. 착취 사회의 기본 조건인 피억압 계급의 생존조차 보장할 수 없었다는 것이지요. 노예 없는 노예주, 농노 없는 봉건영주가 있을 수 없는 것처럼 자본가 계급이 존재하기 위해서는 기본적으로 노동자 계급이 존재해야 하는데, 브레이크 없이 질주하는 자본주의 시스템은 노동자들의 기본적 생존조차 보장해줄 수 없는 것처럼 보였기 때문입니다. 노동자가 부르주아 계급을 먹여살려야 하는데, 오히려 빈곤에 빠진 노동자를 부르주아가 긴급하게 구조해야 할 정도로 모순 덩어리인 체제가 바로 자본주의라는 말입니다. 초창기 자본주의의 비참한 참상을 보며 마르크스와 엥겔스는 이런 결론에 도달하지 않을 수 없었던 것이지요.

원숭이도 이해하는

공산당 선언

르주아 계급이 사회의 지배계급으로 더는 머물 능력이 없으며, 자기 계급의 생활 조건이 사회를 다스리는 법칙이라고 사회에 강요할 능력도 없다는 것이다. 그들은 지배할 능력이 없다. 왜냐하면 그들은 자기 노예에게 노예로서의 생존을 보장해 줄 수 없기 때문이며, 노예로부터 길러지는 대신 노예를 기르지 않으면 안 될 상태로까지 노예가 전락하도록 내버려둘 수밖에 없기 때문이다. 사회는 이미 부르주아 계급 하에서는 생존하는 것이 불가능하다, 다시 말해 사회는 이미 부르주아 계급의 삶을 받아들일 수 없다.

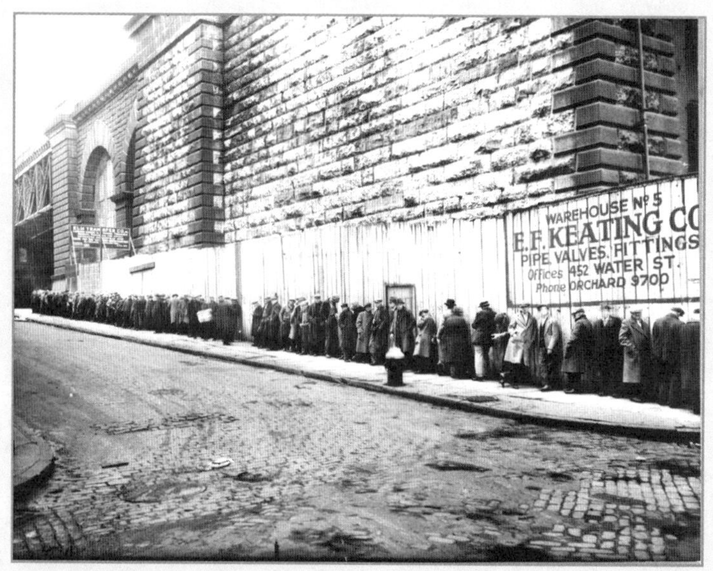

1930년대 대공황 시기 식량 배급을 받기 위해 길게 줄을 선 미국 노동자들의 모습.

원숭이도 이해하는

공산당 선언

부르주아 계급의 생존과 지배에서 가장 본질적인 조건은 개인의 수중에 부가 축적되는 것, 자본 형성과 증식이다. 자본의 조건은 임금 노동이다. 임금 노동은 오로지 노동자들의 경쟁에 바탕을 둔다. 아무런 의지도 저항도 없이 산업 진보를 담당하는 것은 부르주아 계급이다. 그러나 이 진보는 경쟁을 통한 노동자의 고립 대신 연대를 통한 노동자의 혁명적 단결을 초래한다. 그러므로 거대 산업 발전과 함께 부르주아 계급이 생산하고 또 생산물을 취득하고 있던 토대 자체가 부르주아 계급의 발밑에서 허물어진다. 그들은 무엇보다도 자기 무덤을 파는 사람들을 생산한다. 그들의 몰락과 프롤레타리아 계급의 승리는 모두 불가피하다.

필연적인 프롤레타리아의 승리

부르주아 계급의 지상 과제는 단 하나입니다. 끊임없이 이윤을 벌어들여 자본의 덩치를 키워라! 자본가에게 이 목표는 맹목적인 것이며 자신의 존재 이유이기도 합니다. 그런데 이윤을 벌어들여 자본의 덩치를 키우기 위해서는 노동자 계급이 반드시 필요합니다. 노예 없이 노예주 없고 농노 없이 봉건영주 없는 것처럼, 노동자 없이는 자본가도 존재할 수 없기 때문이지요. 처음에 노동자들은 일자리를 놓고 경쟁하며 서로 고립되어 존재합니다. 하지만 자본주의가 발전하고 그에 따라 노동자들의 의식이 성장하면서 노동자들은 고립되고 분열되기 보다는 단결하고 연대하게 됩니다. 그 과정은 앞서 살펴보았습니다. 결국 부르주아 계급은 이윤을 추구하며 자본을 끊임없이 불려나가는 가운데, 부지불식간에 자기 계급의 "무덤을 파는 사람들", 즉 프롤레타리아를 계속 늘려가게 됩니다. 마르크스와 엥겔스는 이 위태롭고 불온한 분위기를 냉철한 이성으로 관찰하며 강한 어조로 부르주아 계급의 몰락과 프롤레타리아 계급의 승리를 확신합니다.

이렇게 "I. 부르주아와 프롤레타리아"가 마무리되었습니다. 《공산당 선언》이 1848년에 발표되었으니 170년이라는 시간이 지났습니다. 세계적 상황을 보면, 마르크스와 엥겔스가 확신에

마르크스가 가담한 최초의 국제 노동운동 조직 〈국제노동자연맹International Workingmen's Association〉 창립을 묘사한 그림. 강령과 규약에 《공산당 선언》의 내용이 많이 반영되었다. 당시에는 "인터내셔널"이라고 불렸는데, 이후 1889년 이를 계승한 "제2인터내셔널"이 창립되면서 "제1인터내셔널"이라고 불리기 시작했다.

차 선언한 프롤레타리아 계급의 승리는 아직 오지 않은 미래인 것 같습니다.

하지만 170년이라는 시간이 지나는 과정에서 사회의 모순에 눈을 뜬 노동자 계급이 단결해서 노동조합을 만들고 자신들의 이익을 대변하는 정당을 건설해 부르주아 계급에 맞서 끊임없이 투쟁했습니다. 그러한 투쟁의 결과로 기존의 자본주의 시스템에 상당한 변화를 주는 법과 제도들(복지 및 경제에 대한 국가의 개입)이 도입됐습니다. 사회주의적 성격의 정책을 대폭 받아들인 현대 복지국가들의 모습은 산업혁명 초기의 순수한 자본주의와는 많이 달라진 것이 사실입니다(물론 역설적이게도 이러한 법과 제도들이 자본주의 시스템의 붕괴를 막고 그 생명을 연장시켜주고 있지요). 심지어 일부 나라들에서는 사회주의를 지향하는 정치세력이 권력을 잡고 정부를 구성하기도 했지요. 이러한 일련의 과정을 돌이켜 보면, 마르크스와 엥겔스가 예상한 사회 변화(프롤레타리아 계급의 승리)는 느리지만 꾸준하게 현실에서 이루어지고 있는 것은 아닌가 하는 생각을 해봅니다.

II. 프롤레타리아와 공산주의자들

프롤레타리아 계급의 발선 과정에서
공산주의자들의 역사적 책무와 소임을 밝히고,
프롤레타리아 독재를 통한 공산주의 실현을 주장.

"공산주의자들은 자신들의 이론을
사적 소유의 폐기라는 한마디로 요약할 수 있다."

- 공산주의자와 전체의 이익
- 공산주의자의 통찰력
- 사적 소유의 폐기
- 자본과 노동의 대립
- 자본의 사회적 성격과 개인적 소유
- 임금 노동의 비참한 성격
- 부르주아사회와 공산주의 사회
- 부르주아의 자유와 프롤레타리아의 무소유
- 부르주아가 말하는 인격
- 교육, 법, 이념은 이해관계의 반영
- 가족
- 학교
- 결혼과 매춘
- 조국과 국적
- 국가에 의한 국가의 착취
- 지배적 이념은 지배계급의 이념
- 과거 이념과의 결별
- 프롤레타리아 독재
- 과도기의 과제들
- 공산주의

원숭이도 이해하는

공산당 선언

II. 프롤레타리아와 공산주의자

공산주의자들은 프롤레타리아와 도대체 어떤 관계에 있을까?

공산주의자들이 다른 노동자들에 비해 특별한 정당을 만드는 것은 아니다.

그들은 프롤레타리아 계급 전체의 이해관계와 동떨어진 이해관계를 갖고 있지 않다.

그들은 특별한 원칙을 세우고 프롤레타리아 운동을 거기

공산주의자와 전체의 이익

공산주의자들의 정치조직은 프롤레타리아 계급이 만든 여타 정치조직들과 동일한 이해관계를 갖고 있지만, 그럼에도 불구하고 명확하게 구분되는 지점이 있다고 마르크스와 엥겔스는 이야기합니다. 우선 공산주의자들의 활동과 투쟁은 국경이라는 범위를 넘어서 국제적인 성격을 띤다는 점입니다. 전 세계에 자본주의가 퍼져나감에 따라 각 나라에서 프롤레타리아 계급이 성장합니다. 각 나라의 프롤레타리아 계급은 자국의 부르주아 계급에 맞서 다양한 '국내 투쟁'을 펼치게 됩니다. 이 '국내 투쟁'이라는 형식은 자칫 프롤레타리아 계급의 시야를 국경 내부에만 가둬놓는 울타리가 될 수 있습니다. 아무래도 자기 앞에 직접 당면한 문제에만 주목하기 마련이니까요. 하지만 자본은 갈수록 세계화되어 국경을 넘어 이윤을 추구하고 있으며, 그런 추세에 맞춰 프롤레타리아 계급 역시 세계 곳곳에서 성장하고 있습니다. 이런 글로벌한 상황에서 프롤레타리아 계급이 당면한 문제를 정확하게 분석하고 판단하기 위해서는, '국내'라는 한계를 넘어 전체 프롤레타리아 계급의 이익이라는 국제적인 시각과 판단이 필요합니다. 자본주의는 지역적(일국적) 현상이 아닌 전 지구적 현상이기 때문이지요.

에 억지로 꿰맞추려 하지 않는다.

공산주의자들은 다른 프롤레타리아와 다음과 같은 점에서 다를 뿐이다. 공산주의자들은 한편으로 프롤레타리아의 다양한 국내 투쟁에서 국적과는 관계없이 프롤레타리아 계급 전체의 공동 이익을 강조하고 그것을 관철한다. 다른 한편으로 공산주의자들은 프롤레타리아 계급과 부르주아 계급 사이의 투쟁이 거치는 다양한 발전 단계에서 늘 운동 전체의 이익을 대변한다.

왜 국제적인 시각이 필요한지 예를 들어보지요. 영국의 노동당이 미국과 영국의 이라크 침공에 찬성한 것은 잘 알려진 사실입니다. 프랑스 사회당은 한때 자국이 저질렀던 아프리카 식민지 지배 문제에 둔감하지요. 영국 노동당이나 프랑스의 사회당은 (둘 다 진보정당임에도) 이라크 전쟁이나 아프리카 식민지 문제에 직면할 때, 철저하게 영국과 프랑스라는 국경 내부의 이해관계를 중심으로 접근하기 때문입니다. 실제로 제국주의 국가의 노동자 계급은 식민지로부터 유입되는 초과이윤의 혜택을 일부 누리기 때문에, 식민지 경영에 대해 별다른 문제의식을 갖지 못하는 경향이 있습니다. 심지어 낙후된 식민지를 발전시키고 계몽시켰다고까지 생각하기도 하지요. 하지만 (국경을 넘어) 전체 프롤레타리아 계급의 이익이라는 국제적인 시각이 있다면 영국 노동당이나 프랑스 사회당이 이라크 전쟁에 찬성하고 아프리카 식민지 지배에 둔감할 수는 없었을 테지요. 이라크와 아프리카의 노동자 계급에게는 이라크 전쟁과 프랑스의 식민 지배가 고통스럽고 참혹한 경험일 테니까요. 영국 노동당이 이라크 전쟁을 지지하고 프랑스 사회당이 프랑스의 아프리카 식민 지배를 애써 외면하는 행위는, 결국 탐욕스러운 미국과 영국의 군수자본과 프랑스 독점자본의 가증스러운 행태에 힘을 보태주는 꼴에 지나지 않습니다. 마르크스와 엥겔스는 국경을 넘어서는 프롤레타리아 계급의 단

청년 시절 마르크스와 엥겔스를 묘사한 그림. 이들은 공산주의자의 특징이 "늘 운동 전체의 이익"을 대변하는 "통찰력"이라고 했다.

결이야말로 공산주의자의 임무라고 생각한 것입니다.

공산주의자는 전체 프롤레타리아 계급 공동의 이익, 운동 전체의 이익을 대변한다고 마르크스와 엥겔스는 이야기했습니다. 전체 프롤레타리아 계급의 이익을 도모하는 입장과 태도는 국제 문제뿐만 아니라 한 나라 내부의 문제에서도 동일하게 중요한 의미를 갖습니다. 최근의 예를 들어본다면, 프롤레타리아 계급 내부에서 정규직과 비정규직 사이의 갈등이 만만치 않은 문제로 제기되고 있습니다. 정규직과 비정규직을 나누고 차별하는 것은 분명 자본가입니다. 잘 알다시피 인건비를 줄이고 쉽게 해고하기 위해 자본가들이 비정규직을 대규모로 도입했습니다. 그런데 같은 공간에서 동일한 일을 하지만 한 사람은 정규직이고 다른 사람은 비정규직이다 보니 서로 위화감도 생기고 어색해집니다. 그러다 보니 정규직과 비정규직 사이에 갈등도 생기고 사이가 원만하지 않습니다. '운동 전체의 이익'을 대변한다는 점은 이런 사안에서도 중요한 의미가 있습니다. 단순히 근시안적으로 비정규직 혹은 정규직 한쪽의 편에 서서 상대를 비난하는 것에 그친다면 결국 '전체 운동의 이익'에 해가 될 테니까요. 비정규직과 정규직의 갈등이 자본의 분열 지배 정책에서 비롯됨을 낱낱이 폭로하고 정규직과 비정규직의 단결과 연대를 높여나갈 수 있는 실천 방향을 모색하는 것이 '전체 운동의 이익'을 대변하는 이들의 역할일 것입니다.

따라서 공산주의자들은 실천적으로는 모든 나라의 노동자 정당 가운데에서 가장 단호하고 늘 추진력이 강하며, 이론적으로는 다른 프롤레타리아 계급 대중보다 앞서서 프롤레타리아 운동의 조건, 진행 과정, 그리고 보편적 결과를 꿰뚫어보는 통찰력을 지니고 있다.

공산주의자들의 당면 목적은 다른 프롤레타리아 정당의 목적과 동일하다. 프롤레타리아 계급의 형성, 부르주아 계급 지배의 타도, 프롤레타리아 계급에 의한 정치권력의 쟁취가 그것이다.

공산주의자의 통찰력

마르크스와 엥겔스는 공산주의자들의 정치조직, 즉 공산당이 여타 프롤레타리아 계급의 정치조직들보다 이론적으로 앞서 있으며 현재의 상황에 대한 본질적인 통찰력을 가지고 단호하게 사업을 추진해 나간다고 주장합니다.

마르크스와 엥겔스의 글에서 공산주의자와 공산당에 대한 홍보 냄새가 많이 나지요? 그럴 수밖에 없습니다. 《공산당 선언》은 마르크스와 엥겔스가 건설한 국제 공산주의 정치조직인 〈공산주의자 동맹〉의 탄생을 대외적으로 알리는 문건이기 때문입니다. 우리가 남들과 이런 지점에서 차별점이 있고 장점이 있다고 알려야 더 많은 사람들이 관심을 갖고 모이겠지요. 《공산당 선언》을 읽을 때 이를 고려할 필요가 있습니다.

공산주의자들의 이론적 명제들은 결코 이런저런 세계 개량가들이 발견, 발명한 사상이나 원리에 바탕을 두고 있지 않다.

그것은 단순히 현존하는 계급투쟁, 즉 우리 눈앞에서 벌어지는 역사 운동의 실제적 관계를 일반적으로 표현한 것에 불과하다. 종래의 소유관계를 폐기하자는 것이 공산주의만의 독특하고 특별한 표현은 아니다.

모든 소유관계는 끊임없는 역사적 교체, 끊임없는 역사적 변화의 지배를 받아왔다.

예를 들어 프랑스 혁명은 부르주아적 소유를 위해 봉건

사적 소유의 폐기

마르크스와 엥겔스는 공산주의 이론이 여타 사회 개혁(개량)가들의 사상이론과 구분된다고 주장합니다. 아무래도 자신들을 홍보해야 하니 지속적으로 차별화 전략을 취하지요. 실제 차이가 있는 것도 사실입니다. 그렇다면 어떤 차이가 있을까요? 일반적으로 공산주의라는 단어를 들으면 문득 떠오르는 인상은, 네 것도 없고 내 것도 없다는 식의 '소유의 폐지'입니다. 하지만 마르크스와 엥겔스는 이것이 오해라고 이야기합니다!

역사적으로 소유관계는 끊임없이 변화해왔습니다. 노예제 시대는 노예주가 노예를 합법적으로 '소유'하는 시절이었지만, 시대가 변함에 따라 '노예제적 소유'는 폐기되었지요. 봉건사회에서는 봉건영주들이 자신이 귀족이라는 명분을 내세우며 토지를 배타적으로 '소유'했습니다. 하지만 부르주아 혁명이 일어나면서 이러한 '봉건적 소유'는 폐기되었지요. 자본주의 시대에는 부르주아 계급이 기업이나 공장 같은 생산수단을 배타적으로 '소유'합니다. 이런 '부르주아적 소유'를 통해 부르주아 계급은 사회를 지배합니다. 부르주아 계급은 자신이 기업과 공장의 '주인'(소유자)이라는 명분을 내세워 노동자를 착취하고 이윤을 전취하며 거대한 부를 취득합니다. 공산주의는 일체의 소유관계의 폐기,

적 소유를 폐기했다.

공산주의를 특징짓는 것은 소유 일반의 폐기가 아니라 부르주아적 소유의 폐기이다.

그런데 현대 부르주아적 사적 소유는 계급 대립에 바탕을 둔, 즉 한 계급에 의한 다른 계급의 착취에 바탕을 둔 생산물의 생산과 취득의 최종적이고 가장 완성된 표현이다.

이런 의미에서 공산주의자들은 자신들의 이론을 사적 소유의 폐기라는 한마디로 요약할 수 있다.

즉 '소유 일반의 폐기'를 목적으로 하는 것이 아니라, 바로 이 '부르주아적 소유'의 폐기를 지향하는 운동입니다. 요컨대 공산주의는 '소유 일반의 폐기'가 아니라 '사적 소유의 폐기'를 지향하는 운동이며, 기업이나 공장 같은 생산수단을 사회적 차원에서 '공동으로 소유'해서 공익에 기초해 민주적으로 운영해야 한다는 주장을 펴는 것입니다.

앞서 마르크스와 엥겔스는 부르주아 계급이 자신들을 무덤에 묻을 사람들, 즉 프롤레타리아 계급을 대량으로 만들어낸다고 했습니다. 프롤레타리아 계급의 승리를 통해 생산수단의 '사회적 소유'가 실현되면 계급이 소멸되어 한 계급이 다른 계급을 착취하는 현상이 사라지게 됩니다. 자본주의가 인류 역사상 최후의 착취 시스템이 되는 것이지요. 마르크스와 엥겔스는 그런 의미에서 현대 부르주아적 사적 소유는 인류 역사의 가장 최종적이고도 완성된 형태의 착취 시스템이라고 말합니다.

원숭이도 이해하는 공산당 선언

사람들은 우리 공산주의자들을 개인적으로 얻은, 스스로의 노동으로 취득한 재산, 즉 모든 개인적인 자유와 활동과 자립의 토대를 이루는 재산을 폐기하려 한다고 비난했다.

힘들게, 자신의 노동으로, 스스로 얻은 재산이라고! 당신들은 부르주아적 소유에 앞선 소시민적, 소농민적 소유를 말하는가? 우리는 그런 소유는 폐기할 필요가 전혀 없다. 산업 발전이 이미 그것을 폐기해왔으며 또 매일매일 폐기하고 있으니까.

아니면 당신들은 현대의 부르주아적 사적 소유를 두고 말하는 것인가?

자본과 노동의 대립

사람들이 공산주의에 대해 가지는 선입견이 있습니다. 네 것도 내 것도 없다면서 결국 개인의 자유로운 활동을 제약하고 개인이 스스로 일군 재산을 빼앗아가는 것 아니냐고 말이지요. 사실 개인이 힘들게, 자신의 노동으로, 스스로 얻은 재산이 의미가 있던 시절이 있었습니다. 봉건 시대에 소시민, 소농민이 스스로 옷이나 신발 등의 생필품을 만들어 입던 바로 그 시절입니다. 하지만 마르크스와 엥겔스는 말합니다. 그런 식의 소유는 이미 자본주의 기계제 대공업의 발전을 통해 폐기되었으며 지금도 지속적으로 폐기되고 있다고. 자본주의 시대에 우리가 사용하는 거의 모든 생필품의 경우, 개인이 힘들게 자신만의 노동으로 일구어낸 것이 사실상 하나도 없습니다. 기업이나 공장에서 수많은 사람들이 생산에 함께 참여해 내놓은 결과물이지요. 즉, 모든 재화는 한 개인이 아닌 사회적 생산력의 성과입니다. 그런 의미에서 순수하게 개인이 스스로 일군 재산에 대한 소유를 부정한다는 비판은 사실상 무의미한 것이지요.

'개인의 자유로운 활동을 제약하고 개인이 스스로 일군 재산을 빼앗는다'는 비판은, 사실상 '부르주아적 사적 소유'를 옹호하는 것에 지나지 않습니다. 구체적으로 살펴봅시다. 프롤레타리

그런데 임금 노동, 즉 프롤레타리아 노동이 그들에게 재산을 만들어주는가? 절대 아니다. 프롤레타리아 노동이 만들어 내는 것은 자본, 즉 임금 노동을 착취하는 재산뿐이다. 임금 노동을 새로이 착취하기 위해서 새로운 임금 노동을 만들어내는 조건에서만 늘어날 수 있는 재산 말이다. 오늘날과 같은 형태의 소유는 자본과 임금 노동의 대립 속에서 움직인다. 이러한 대립의 두 측면을 살펴보자.

아 계급은 부르주아 계급에게 고용되어 정기적으로 임금을 받아 생계를 유지합니다. 하지만 이런 임금만으로 부르주아 계급처럼 부를 축적하는 것은 불가능합니다. 프롤레타리아 계급은 자신을 위해 부를 창출하는 것이 아니라, 자본가의 몫인 자본의 덩치를 불려주기 위해 일을 하는 것이지요. 부르주아 계급은 생산 과정에서 발생한 이윤을 전취하며 자신이 소유한 자본의 크기를 지속적으로 증식시킵니다. 자본의 크기가 불어날수록 프롤레타리아 계급에 대한 부르주아 계급의 지배력은 더욱 거대해지고 부르주아 계급의 지배에 종속되는 프롤레타리아 계급의 수는 더욱 증가합니다. 부르주아적 사적 소유는 결국 이렇게 부르주아 계급과 프롤레타리아 계급의 지배-피지배 관계, 즉 계급 대립 속에서 움직입니다.

마르크스는 왜 자본주의사회에서 자본가 계급은 부자가 되고 노동자 계급은 가난해질 수밖에 없는지를, 불후의 명저《자본론》에서 숫자로 풀어서 증명했습니다. 노동자들이 직장에서 받는 임금은 자신이 수행한 노동량에 비해 필연적으로 적을 수밖에 없으며, 바로 그렇게 빼앗긴 노동에서 자본가의 이윤이 발생한다는 것을 명쾌한 수식으로 증명합니다. 예컨대 하루에 8시간을 일한다면 3시간은 나 자신을 위해 일하지만, 5시간은 자본가를 위해 일한다는 이야기지요. 매우 충격적인 내용이지만, 증명

빼앗긴 시간과 이윤

"툭 까놓고 얘기하면, 하루 8시간을 일하고서 3시간에 해당하는 부분만 임금으로 받는다는 얘기다. 빼앗긴 시간에서 이윤이 나온다. 이런 상황을 명쾌하게 표현하는 단어가 바로 '착취'다."

(《나는 행복한 불량품입니다》 127쪽)

하루 노동 8시간

임금 몫(3시간)	이윤 몫(5시간)

과정이 다소 복잡하기 때문에 여기서 구체적으로 다루지는 않겠습니다(자세히 알고 싶은 분은 《원숭이도 이해하는 자본론》을 참고하기 바랍니다). 다만 분명한 것은, 자본가 계급은 노동자 계급을 '착취'함으로써만 자본을 축적할 수 있다는 점을 마르크스와 엥겔스가 명확히 지적한 것입니다. 노동자는 자신이 일한 만큼 임금으로 받는 것이 아니라, 사회에 적응해 생존하고 번식하는 데에 필요한 수준의 생활비를 받고 있을 뿐입니다. 그래서 마르크스는 임금을 '노동의 대가'라 하지 않고 '노동력의 대가'라고 했습니다(앞에서 한 번 설명한 내용이지요).

자본가로 존재한다는 것은 생산에서 순전히 개인적인 지위뿐만 아니라 사회적인 지위까지 차지한다는 것을 뜻한다. 자본은 공동체의 산물이며, 많은 구성원의 공동 활동에 의해서만, 궁극적으로는 사회 구성원 전체의 공동 활동에 의해서만 움직일 수 있다.

자본은 개인적인 권력이 아니라 사회적인 권력이다.

따라서 자본이 공동체의 소유, 즉 사회 구성원 모두의 소유로 바뀐다고 해서 개인의 소유가 사회의 소유로 바뀌는 것은 아니다. 소유의 사회적 성격만이 바뀔 뿐이다. 소유의 사회적 성격이 계급적 성격을 잃을 뿐이다.

자본의 사회적 성격과 개인적 소유

부르주아 계급이 지닌 부(자본)의 형성 과정을 들여다보면, 그들이 소유한 부는 부르주아 개인이 만들어낸 성과물이 아니라 공동체의 성원들이 공장 혹은 기업이라는 공간에 모여서 서로의 지식과 지혜를 모아 함께 일구어낸 사회적 결과물입니다. 때문에 자본은 본질적으로 사회적 성격을 띠며 사회적인 힘의 응축물입니다. 다만, 자본주의 자체가 부르주아라는 특정 계급에게 부가 편중되도록 설계된 시스템인 것입니다. 따라서 부르주아 계급이 개인적으로 소유한 부, 즉 자본을 사회 구성원 공동의 소유로 전환하는 것은 개인이 소유한 것을 빼앗아 억지로 사회적 소유로 만드는 조치가 아닙니다. 자본은 그 형성 과정에서 처음부터 사회적인 생산물이기 때문에, 원래 그것에 내재된 고유의 성격을 찾아주는 것이지요. "소유의 사회적 성격이 계급적 성격을 잃는다"는 말은 이를 뜻합니다.

임금 노동으로 넘어가자.

임금 노동의 평균 가격은 최저임금, 다시 말해 노동자가 노동자로서 생존하는 데에 필요한 생활 수단 총액이다. 임금 노동자가 자기 활동을 통해 얻는 것은 겨우 자신의 비루한 삶을 재생산할 만큼에 불과하다. 우리는 직접적인 삶의 재생산에 필요한 노동 생산물의 개인적인 취득, 즉 타인의 노동에 대한 지배권을 줄 만한 순수익이 전혀 남지 않는 이러한 취득을 폐기하려는 것이 결코 아니다. 우리는 노동자가 자본의 증식을 위해서만 살아가고, 지배계급의 이익이 요구하는 정도로만 살아가게 만드는 취득의 비참한 성격을 폐기하려는 것일 뿐이다.

임금 노동의 비참한 성격

노동자의 임금은 대부분 가족의 생계를 유지하고 아이들을 키우는 데에 사용됩니다. 물론 산업혁명 초기에 비해 노동자의 삶의 질이 크게 개선되었고 노동자 사이에도 임금의 격차가 존재하지만, 대체로 보면 오늘날에도 임금만으로는 기본적인 삶을 유지하는 데도 벅차 빚을 내는 경우가 허다한 것이 현실입니다. 대부분의 사람들이 임금을 자신이 직장에서 수행한 '노동의 대가'라고 착각합니다. 하지만 앞서 언급했듯 임금은 '노동력의 대가', 다시 말해 노동력의 재생산 비용일 뿐입니다. 물론 각 나라마다 경제 발전 수준이나 노동자 계급의 사회적 역량, 그리고 정치사회적 환경이 다르기 때문에 임금 수준에는 차이가 있습니다. 하지만 노동자 계급이 자신의 임금만으로 자본가 계급만큼 부를 축적할 수 있는 자본주의 국가는 없습니다. 대체적으로 노동자가 지속적으로 직장에 출근해 업무를 수행하며 간신히 자식을 낳아 키울 수 있는 정도로 임금이 형성되는 것이 냉혹한 현실입니다. 뿐만 아니라 지속적인 기술 발전으로 기계가 사람의 업무를 대체하는 추세가 계속되면서 일자리 공급에 비해 구직자 수요가 많은 상황이 지속됩니다. 이런 상황은 노동자 계급의 협상력을 약화시켜 임금 수준의 하락을 야기합니다. 공산주의자가

부르주아와 프롤레타리아의 상황을 비교하여 묘사한 1843년 그림 〈자본과 노동Reichtum und Armut〉.

말하는 '사적 소유의 폐지'란, 이렇게 노동자가 간신히 생활 가능한 수준으로 받는 임금에 대한 소유권(사적 소유)을 빼앗자는 것이 결코 아닙니다. 기업과 공장을 부르주아 계급이 배타적으로 소유하며, 그로 인해 다수의 프롤레타리아 계급은 노동력을 팔아 받은 임금으로 가까스로 연명하는 비참한 상황을 빚어내는 '부르주아적 사적 소유'를 폐기하려는 것일 뿐입니다.

원숭이도 이해하는

공산당 선언

부르주아사회에서는 살아 있는 노동이 축적된 노동을 늘리는 수단일 뿐이다. 공산주의 사회에서는 축적된 노동이 노동자의 생활 과정을 폭넓게 하고 풍요롭게 하며 지원하는 수단일 뿐이다.

그러므로 부르주아사회에서는 과거가 현재를 지배하지만, 공산주의 사회에서는 현재가 과거를 지배한다. 부르주아사회에서는 자본이 독립적이고 인격적인 반면, 활동하는 개인은 비독립적이고 비인격적이다.

부르주아 계급은 이러한 관계를 폐기하는 것을 인격과 자유를 폐기하는 것이라고 한다! 맞는 말이다. 그런데 여기

부르주아사회와 공산주의 사회

자본주의사회에서는 살아 있는 노동(노동자)이 축적된 노동(자본가가 소유한 자본)을 늘리는 수단일 뿐입니다. 자본이 목적이 되고 인간은 수단으로 전락하는 것이지요. 하지만 프롤레타리아 계급이 주인이 되는 공산주의 사회에서는 상황이 역전되어, 축적된 노동(생산수단인 동시에 과거 노동의 축적물)이 살아 있는 노동(노동자)을 위해 쓰입니다. 인민대중의 삶의 질 개선과 복지 향상을 위해(과거 노동에 의해 만들어진) 생산수단이 사용되는 것이지요. 그러므로 부르주아사회에서는 과거가 현재를 지배하지만, 공산주의 사회에서는 현재(살아있는 노동자)가 과거(과거 노동으로부터 축적된 자본 및 생산수단)를 지배합니다.

동일한 맥락에서 부르주아사회에서는 자본이 독립적이고 인격적인 반면, 활동하는 개인은 비독립적이고 비인격적인 존재로 전락합니다. 삼성, 현대, LG, SK 등의 기업들은 그들만의 독립적인 탄생과 성장 스토리를 가지고 있으며 법적으로도 하나의 인격체(법인)로 인정받고 있습니다. 수많은 사람들이 선망하는 대상이 되며, 기업 내부에서 마치 유기체의 생화학 작용과도 같은 활발한 신진대사가 일어나고 있습니다. 반면 자본주의사회의 개인들은 자본이라는 독립적 인격체의 신진대사를 위한 양분이

에서 말하는 것은 부르주아적 인격, 부르주아적 독립성, 부르주아적 자유를 폐기한다는 뜻이다.

자 부품으로 끊임없이 충원되고 소모됩니다. 강력한 자본의 부품이 되었다는 표식, 즉 삼성맨, 현대맨이라는 명찰을 달고 우쭐해지지만 그 명찰의 위세에 눌려 정작 자신의 이름은 잘 보이지 않는 그러한 존재가 되어버립니다.

'부르주아적 사적 소유'의 폐기를 이야기하면, 부르주아 계급은 인격과 자유를 침해한다며 극렬하게 반대하지요. 사실 그들이 하는 이야기가 맞습니다. 정확히 말하자면, 개인을 비독립적이고 비인격적인 존재로 전락시키며 그런 개인들 위에 군림하는 독립적이고 인격적인 존재, 즉 자본의 자유를 폐기하자고 이야기하는 것입니다. 왜냐하면, 그것을 통해서만 프롤레타리아 계급의 인격과 자유가 확보될 수 있기 때문입니다.

원숭이도 이해하는

오늘날 부르주아적 생산관계 속에서 자유란 상업의 자유, 판매와 구매의 자유를 뜻한다.

그러나 매매가 없다면, 자유로운 매매도 없는 법이다. 매매의 자유에 관한 상투어들은 자유에 관해 우리의 부르주아 계급이 떠드는 모든 허풍들과 마찬가지로, 예속되어 있던 상인들과 노예나 비슷했던 중세 시민들에게나 의미가 있지, 매매와 부르주아적 생산관계, 나아가 부르주아 계급 자체를 폐기하자는 공산주의자들에게는 아무 의미가 없는 말이다.

당신들은 우리가 사적 소유를 폐기하려 한다고 해서 놀

공산당 선언

부르주아의 자유와 프롤레타리아의 무소유

지금도 여전히 그렇습니다. 부르주아 계급이 말하는 자유는 항상 기업할 자유, 시장의 자유, 소유권의 자유일 뿐이지요. 부르주아 계급은 노동자가 출퇴근 시간을 자유롭게 정할 자유, 누구나 국가 공동체의 일원으로서 합당한 복지 서비스를 제공받으며 경제의 공공성을 만끽할 자유, 노동자가 자본가에게 일방적으로 지시받지 않고 기업의 중요한 의사 결정에 참여할 자유 같은 것은 결코 입에 담지 않습니다. 과거 상공업자들이 귀족들에게 억압받던 봉건시대에는 기업할 자유, 시장의 자유, 소유권의 자유 등이 중요한 의미가 있었습니다. 하지만 자본주의가 대세가 되고 부르주아 계급이 권력을 쥔 지금은, 그때와 상황이 다릅니다. 공산주의자들은 모순으로 가득 찬 자본주의를 혁명하려는 사람들입니다. 자유 시장보다 공공성을 중요시하며, 부르주아 계급의 지배를 끝내고 프롤레타리아 계급의 해방을 추구하는 공산주의자들에게 부르주아 계급을 위한 자유는 의미가 없습니다.

부르주아가 지배하는 사회에서는 이미 사회 구성원 대다수를 차지하는 프롤레타리아 계급의 사적 소유가 '사실상' 폐기되어 있습니다. 빚까지 지며 생계를 유지하는 프롤레타리아 계급에게 그 무슨 사적 소유가 존재한단 말입니까. 부르주아 계급의 '사적

라고 있다. 그러나 당신들의 현 사회에서 사회 구성원의 90퍼센트에게는 이미 사적 소유가 폐기되어 있다. 사적 소유가 존재하는 것은 바로 90퍼센트에게는 사적 소유가 존재하지 않기 때문이다. 그러니까 당신들은 사회의 압도적 다수의 무소유를 필수 조건으로 전제하는 소유를 우리가 폐기하려 한다고 비난하는 것이다.

한마디로 당신들은 우리가 당신들의 소유를 폐기하려 한다고 비난하는 것이다. 맞다. 우리가 원하는 것이 바로 그것이다.

소유'가 존재할 수 있는 토대는 바로 프롤레타리아 계급의 '무소유'라는 냉혹한 현실에 기초하고 있습니다. 역사상 유래 없는 엄청난 빈부 격차야말로 부르주아 계급의 '사적 소유'가 초래한 것입니다. 그리고 공산주의자는 바로 이러한 현실을 폐기하고자 합니다.

원숭이도 이해하는

공산당 선언

노동이 더 이상 자본으로, 화폐로, 지대로, 간단히 말해 독점 가능한 사회 권력으로 바뀔 수 없게 되는 순간부터, 즉 개인적 소유가 더 이상 부르주아적 소유로 바뀔 수 없게 되는 순간부터, 바로 그 순간부터 당신들은 인격이 폐기된다고 설명한다.

따라서 당신들은 부르주아, 즉 부르주아적 소유자 말고는 그 누구의 인격도 인정하지 않는다고 고백하는 셈이다. 그러나 이러한 인격이라면 마땅히 폐기되어야 한다.

공산주의는 그 누구한테서도 사회적 생산물을 취득할 권력을 빼앗지 않는다. 공산주의는 이러한 취득을 통해 타인

부르주아가 말하는 인격

부르주아 계급은 공산주의 사회가 도래해 개인이 자유롭게 부를 축적할 수 없게 되면(더 이상 노동자를 착취할 수 없게 되면) 인간성이 말살될 것이라고 비난합니다. '부르주아적 사적 소유'가 폐기된 사회에서는 인간성이 말살된다? 마르크스와 엥겔스는 오히려 부르주아 계급이 부를 축적한 자신들만을 인간으로 인정한다고 강하게 비판합니다. '재산이 없는 프롤레타리아 계급은 인간도 아니란 말인가?' 그리고 그러한 인간성이야말로 마땅히 폐기되어야 한다고 역설합니다.

앞서 언급했듯이 공산주의는 '소유 일반의 폐지'를 추구하는 것이 아닙니다. '부르주아적 사적 소유', 즉 한 사람이 다른 사람을 이윤 추구의 도구로 삼는 비인간적인 시스템을 폐지하려는 것입니다. 어떤 이들은 사적 소유가 폐지된 공산주의 사회가 오면 사람들이 나태해지고 게을러진다고 우려합니다. 하지만 마르크스와 엥겔스는, 만약 사회가 나태함과 게으름 때문에 망한다면, 일하지 않는 나태하고 게으른 자들이 거대한 부를 챙기는 반면 부지런히 일하는 자들은 아무것도 얻지 못하는 자본주의사회야말로 가장 먼저 망했어야 한다고 이야기합니다. 실제로 지금도 자본주의사회의 부자는 노동이 아니라 생산수단 및 부동산

원숭이도 이해하는

공산당 선언

의 노동을 자신에게 예속시킬 권력만을 빼앗는다.

사적 소유의 폐기와 함께 모든 활동이 멈추고, 전반적인 게으름이 지배하게 될 것이라고 사람들은 반박해왔다.

그렇다면 부르주아사회는 게으름 때문에 이미 오래 전에 멸망했어야 한다. 왜냐하면 부르주아사회에서는 일하는 사람들은 아무것도 얻지 못하고, 무언가를 얻는 사람들은 일하지 않기 때문이다. 어떠한 논의를 하든 결론은 동어 반복에 이르게 된다. 더 이상 자본이 없으면 더 이상 임금 노동도 없다.

등의 소유와 매매를 통한 '재테크'로 거대한 부를 획득하지요. 그럼에도 자본주의사회는 '열심히 일해야 잘 먹고 잘 산다'는 허황된 믿음을 여전히 강요합니다. 노동자들이 일을 해서 만들어내는 부의 대부분이 소수의 부르주아 계급에 집중되는 현실에서, 열심히 일할 것을 독려하고 강요한다? 도대체 누구의 이익을 위해서 이런 생각을 퍼트리는 것일까요?

결국 무슨 이야기를 하든지 자본과 임금 노동에 대한 고찰의 결론은 이렇습니다. '부르주아 계급의 배타적 자본 소유가 없어지면, 노동자를 이윤 추구의 도구로 내모는 임금 노동 역시 사라질 것이다!'

물질적 생산물에 대한 공산주의적 취득과 생산양식을 향해 쏟아지는 모든 비난은 정신적 생산물에 대한 공산주의적 취득과 생산양식으로까지 확대된다. 부르주아에게는 계급적 소유의 중지가 생산 자체의 중지이듯이, 계급적 교육의 중단은 아예 교육의 중단과 같다.

부르주아 계급은 교육의 중단을 아쉬워하겠지만, 교육이란 압도적 다수에게는 기계로 양성되는 것을 뜻한다.

그러나 자유나 교육, 법 등등에 관한 당신들의 부르주아적 관념을 잣대로 부르주아적 소유의 폐기를 평가하면서 우리와 논쟁하지 말라. 당신들의 법이란 법 조항으로 격상된

교육, 법, 이념은 이해관계의 반영

부르주아 계급은 자본주의식 생산과 분배 시스템이 폐기되고 공산주의식 생산과 분배 시스템이 들어서면 마치 생산과 분배 그 자체가 무너지는 것처럼 비난을 퍼붓습니다. 공산주의에 대한 부르주아 계급의 비난은 물질적 생산물뿐만 아니라 정신적 생산물로 이어집니다. 그들은 자본주의를 옹호하는 내용을 가르치면 아무 문제가 없지만 이를 비판하는 사회주의적 내용을 가르치면 마치 교육 그 자체가 무너지는 것처럼 호들갑을 떱니다. 하지만 학교라는 '교도소에 강제로 소집'되어 부르주아 계급이 허락한 내용만을 주입당하는 교육이란, 사실상 자본가의 이윤 추구를 위한 도구를 양산하는 것에 지나지 않을 뿐입니다.

사실 먹고 사는 문제(물질)와 법, 제도 및 문화(정신)는 매우 긴밀한 관계에 있습니다. 모든 생물은 기본적으로 먹고사는 것이 급선무지요. 생존과 번식이 불가능한 생물은 멸종합니다. 그런 이유로 법, 제도 및 문화는 자신들의 먹고사는 방식에 대한 사후 합리화를 위한 경우가 대부분입니다. 마르크스와 엥겔스는 한 사회의 상부구조(법, 제도, 문화, 관습 등)는 그 사회의 하부구조(경제 시스템, 즉 먹고사는 방식)에 의해 규정된다고 보았습니다. 실제로 그렇지요. 노예제 사회에서는 노예 소유를 법과 제도로 정당

당신들 계급의 의지에 불과하고, 그 내용은 당신들 계급의 물질적 생활 조건 속에서 주어진 것에 불과하다. 마찬가지로 당신들의 이념 자체가 부르주아적 생산·소유 관계의 산물이다.

당신들의 생산·소유 관계가 역사적이며 생산 과정에서 잠시 나타나는 일시적인 것이 아니라 영원한 자연과 이성의 법칙인 것처럼 바꿔놓는, 당신들의 이기적인 상상은 멸망해버린 과거의 모든 지배계급들과 당신들이 공유하는 것이다. 당신들이 고대적 소유에 대해 이해하는 것을, 당신들이 봉건적 소유에 대해 이해하는 것을, 부르주아적 소유에 대해서는 더 이상 이해하지 못하겠다고 해서는 안 된다.

화하며, 봉건 지주들은 신분제에 기초한 배타적 토지 소유를 법과 관습으로 정당화합니다. 같은 맥락에서, 부르주아 계급은 프롤레타리아 계급을 착취해서 먹고살기 때문에 프롤레타리아 계급에 대한 자신들의 지배를 정당화하는 법과 제도 및 문화를 생산합니다. 그런 이유로 마르크스와 엥겔스는 공산주의자들을 부르주아의 법과 제도 및 문화로 판단하지 말라고 일갈합니다. 그것은 어차피 부르주아 계급의 이익에 맞게 꾸며진 상부구조일 뿐이니 말입니다.

역사에서 노예제 시대와 봉건시대가 일시적이었듯이 인류가 현재 경험하고 있는 자본주의 또한 '중간 정거장'일 뿐입니다. 그럼에도 부르주아 계급들은 마치 자신들의 주장이 영원하며 변치 않은 진리인양 떠들어댑니다. 사실 조선 시대 양반들도 그랬지요. 그들은 마치 자신들의 시대가 영원할 것처럼 이야기했습니다. 지금 보면 어이없는 주장이지요. 그런데 역사 속 모든 지배계급들이 그러했습니다. '우리들의 시대만은 영원할 것이다!' 실제로는 어땠나요? 역사 속 모든 지배계급들은 새로운 시대를 맞아 소멸했습니다.

부르주아 계급도 역시나, 고대 노예제와 중세 봉건제가 인류의 여정에서 중간정거장일 뿐이라는 것은 이해하면서도 자신들 역시 그런 신세라는 것은 애써 외면합니다.

원숭이도 이해하는

가족의 폐기! 급진주의자들마저도 공산주의자들의 이 파렴치해 보이는 의도에 대해서 격분하고 있다.

현대의 부르주아 가족은 어디에 기초를 두는가? 자본에, 사적인 영리에. 완벽하게 발전된 형태의 가족은 오직 부르주아 계급에게만 존재한다. 하지만 이것을 보완하는 것은 프롤레타리아의 강요된 가족 부재와 공공연한 매춘이다.

부르주아 가족은 이러한 보완물이 사라짐과 함께 자연히 사라지며, 이 둘은 자본의 소멸과 함께 소멸될 것이다.

부모에 의한 자식의 착취를 우리가 폐기하려고 한다고 당신들은 우리를 비난하는가? 우리는 이런 죄를 시인한다.

공산당 선언

가족

제가 초등학교(당시에는 국민학교라고 불렀지요) 다닐 때는 반공 도서를 읽고 독후감을 의무적으로 쓰게 했습니다. 당시에 북한을 비판하는 내용 중에 이런 것이 기억납니다. 북한에서는 부모가 아이들을 국공립 '탁아소'에 맡기고 일하러간다는 것이지요. 국가가 이렇게 애까지 강제로 빼앗아 키우면서 가족을 붕괴시킨다는 취지의 선전이었습니다. 지금 생각하면 참으로 어이가 없습니다. 현재 대한민국 부모들은 국공립 '탁아소(어린이집)'가 부족해서 애 키우기 힘들다고 아우성입니다. 사실 저도 아이 둘을 키우고 있습니다. 국공립 어린이집에 제비뽑기로 당첨되었을 때 환호성을 질렀던 기억이 납니다. 우리나라는 국공립 어린이집이 정말 턱없이 부족한 상황이지요. 대다수 부모들은 북유럽 복지국가들이 국공립 '탁아소' 시설이 잘 되어 있어서 너무 부럽다고 한숨을 내쉽니다(참고로 북한 역시 사회주의 국가로서 누구나 국공립 탁아소를 이용할 수 있습니다).

마르크스와 엥겔스가 살던 시절에도 비슷한 비판이 있었나 봅니다. 공산주의자들은 가족을 해체한다고 말이죠. 과연 그럴까요? 자본주의사회가 추구하는 이상적인 가족의 모습은 부르주아만의 것입니다. 수준 높은 가정교사가 아이의 교육을 책임

프롤레타리아 아동에 대한 무차별적인 노동 강요는 자본주의의 냉혹함을 보여주는 대표적인 예이다. 사진은 1911년 미국의 현실을 고발한 〈펜실베이니아 탄광에서 일하는 소년들Breaker boys working in Ewen Breaker of Pennsylvania Coal Co.〉. © Lewis Hein

지고 가사와 육아를 전담하는 메이드가 상주하며, 부모와 아이는 세상의 모든 시름과 걱정을 잊고 행복하고 여유로운 삶을 영위합니다. 드라마에서나 나오는 그림 같은 가족의 모습입니다. 그런데 부르주아 계급이 이렇게 이상적인 가족의 삶을 영위하기 위해서는 전제 조건이 필요합니다. 직장에서 학교에서 경쟁에 내몰려 일과 공부에 치이며, 가족과 제대로 대화할 시간조차 없는 프롤레타리아 가족의 존재입니다. 프롤레타리아 가족이 붕괴되고 파괴될수록 부르주아 가족은 더욱더 이상적인 모습에 가까워지는 것이지요. 마르크스와 엥겔스의 시대는 (지금으로 치면 유치원에 다닐) 어린 아이들조차 생계 전선에 나서 산업재해를 당하며 일했습니다. 프롤레타리아 가족의 상황은 지금보다도 훨씬 처참했지요. 그래서 마르크스와 엥겔스는 이런 참혹한 형태의 가족이라면 당연히 폐기해야 하지 않겠느냐고 반문하는 것입니다.

당신들은 우리가 가정교육을 사회 교육으로 대체함으로써 가장 친밀한 관계를 폐기하고 있다고 말한다.

그러나 당신들의 교육 또한 사회에 의해 규정되지 않는가? 당신들 교육이 이루어지는 사회관계들에 의해, 학교 등을 매개로 사회의 직접 또는 간접적인 개입에 의해 규정되지 않는가? 공산주의자들이 교육에 대한 사회의 작용을 만들어낸 것이 아니다. 그들은 단지 그 교육의 성격을 바꾸어, 교육을 지배계급의 영향으로부터 떼어놓을 뿐이다.

학교

부르주아 계급은 공산주의 사회에서는 아이들을 가정으로부터 빼앗아 학교에서 의식화 교육을 시킬 것이라고 비난합니다. 하지만 부르주아사회 역시 부르주아 계급의 입맛에 맞는 내용으로 학생들을 교육합니다. 부르주아 계급이 장악한 국가는 교육을 담당하는 대규모의 관료 조직을 두고 이들을 통해 각급 학교의 교육 과정 및 운영 방식을 관리 통제하며, 때로는 재정 지원이라는 미끼를 통해 교육을 특정한 방향으로 이끌기도 합니다.

물론 프롤레타리아 계급의 국가 권력도 학교라는 시스템을 통해 교육을 실시할 것입니다. 다만 다른 것은 교육의 내용입니다. 부르주아가 비난하는 '의식화'의 실체는, 부르주아 계급의 입맛에 맞는 내용 대신 다수 대중인 프롤레타리아 계급의 이해에 부합하는 내용으로 교육의 성격을 바꾸는 것일 뿐입니다.

가정과 교육, 부모와 자식 사이의 친밀한 관계에 대한 부르주아들의 입에 발린 소리는 거대 산업에 의해 프롤레타리아의 모든 가족적 유대가 더 많이 끊어지고 아이들이 단순한 상품이나 노동 도구로 더 많이 바뀔수록 그만큼 더욱더 역겨워진다.

그런데 당신들 공산주의자들은 부인 공유제를 도입하려고 한다고 부르주아 계급 전체가 입을 모아 악을 써댄다.

부르주아는 자기 아내에게서 생산도구의 모습만을 본다. 그래서 부르주아는 생산도구를 공동으로 사용해야 한다는 말을 들으면, 당연히 여성들도 똑같이 공유의 운명에 처하

결혼과 매춘

모든 억압으로부터의 해방을 추구하는 공산주의자들은 여성을 억압하는 가부장적인 결혼 제도 역시 반대하며, 연애를 지극히 사적인 영역의 문제로 보았습니다. 초기 공산주의자들 중 일부는 스스로가 가부장적인 결혼 제도를 탈피해, 그 당시로는 파격적으로 보일 수밖에 없는 자유연애적인 삶을 실천하기도 했습니다. 지금에서야 크게 새로울 것 없는 얘기이지만, 마르크스와 엥겔스가 살던 19세기 유럽의 보수적인 분위기에서는 매우 충격적인 주장이었지요. 공산주의에 적대적인 사람들은 가부장적 결혼 제도에 반대하며 자유연애를 추구하는 그들의 모습을 보며 '부인 공유제'라고 비난했습니다. 공산주의자들이 생산수단을 다수 대중이 공유해야 한다고 주장하는 데에서 착안해, 이제 공산주의자들은 생산수단만이 아니라 부인도 공유하려 한다고 조롱한 것이지요. 이런 비판에 대해 마르크스와 엥겔스는 오히려 부르주아들이 자신의 부인을 '생산수단' 취급 한다고 되받아칩니다. 가부장제의 특징은 부인과 자식을 가부장의 소유물처럼 취급한다는 것에 있지요. 여성에게만 유독 정조 관념을 강조하는 것 역시 여성을 남성의 소유물로 보기 때문입니다.

마르크스와 엥겔스는 부르주아 계급의 도덕적 타락상을 꼬집

원숭이도 이해하는

게 될 것이라고밖에 생각하지 못한다.

그들은 여기에서 생산도구에 지나지 않는 여성의 처지를 폐기하는 것이 중요하다는 것은 전혀 모른다.

어쨌든 공산주의자들의 이른바 공식적인 부인 공유제에 대해 우리의 부르주아가 숭고하고 도덕적인 의분을 느끼는 것보다 웃기는 일은 없다. 공산주의자들은 부인 공유제를 도입할 필요가 없다. 그런 것은 거의 언제나 있어왔기 때문이다.

우리의 부르주아들은, 공공연한 매춘은 관두고라도, 프롤레타리아의 아내와 딸들을 멋대로 건드리는 것으로도 만

공산당 선언

으며 공산주의자들이 일부러 '부인 공유제'를 도입할 필요조차 없는 추잡한 상황이라고 독설을 퍼붓습니다. 사실상 부인 공유제는 보이지 않는 곳에서 언제나 있어왔으며, 특히 부르주아들이야말로 겉으로는 고귀한 척 하면서도 뒤로는 프롤레타리아의 아내와 딸을 건드리며 매춘에 스와핑을 낙으로 삼는 진정한 '부인 공유'를 실천하고 있다고 일침을 놓습니다. 마르크스와 엥겔스는 부르주아적 생산관계가 폐지되면 부르주아적 부인 공유제인 공식적, 비공식적 매춘이 사라질 것이며 공산주의 사회에서는 여성과 소수자에 대한 억압이 사라지고 진정한 사랑과 신뢰를 통해 사람들이 다양한 방식으로 자유롭게 인연을 맺으리라 보았습니다.

족하지 못하고 자기 아내들을 서로 유혹하는 것을 주된 즐거움으로 삼는다.

부르주아적 결혼은 사실상 부인 공유제이다. 기껏해야 위선적으로 숨겨진 부인 공유제 대신 공식적이고 공인된 부인 공유제를 도입하려 한다고 공산주의자들을 비난할 수는 있을 것이다. 어쨌든 현재의 생산관계의 폐기와 함께 이 생산관계에서 야기된 부인 공유제, 즉 공식적 · 비공식적 매춘 또한 폐기되리라는 것은 너무나 자명한 일이다.

마르크스와 엥겔스는 매춘, 성매매의 주요한 원인이 자본주의적 생산관계에 있다고 보았다. 거리에서 벌어지는 매춘을 묘사한 당대 그림. © Wellcome Collection

원숭이도 이해하는

공산당 선언

더 나아가 공산주의자들은 조국과 국적을 없애려 한다는 비난을 받고 있다.

노동자들에게는 조국이 없다. 갖고 있지 않은 것을 빼앗을 수는 없다. 프롤레타리아는 먼저 정치적 지배권을 장악하고, 국가적 계급으로 올라선 다음, 스스로 그 국가의 국민이 되어야 하기 때문에, 부르주아 계급이 생각하는 의미는 결코 아니겠지만, 프롤레타리아 계급 자체는 여전히 국가적이다.

민족들이 국가로 분리되어 서로 대립하는 현상은 이미 부르주아 계급의 발전과 함께, 상업의 자유와 세계시장, 산

조국과 국적

앞서 언급했듯 공산주의자는 국경을 초월한 프롤레타리아 계급의 단결과 연대, 즉 국제주의를 추구합니다. 이에 대해 부르주아들은 공산주의자들을 조국과 국적을 없애려는 불순분자라고 비난합니다. 하지만 마르크스와 엥겔스는 역시 이런 비판에 대해 정면으로 받아칩니다. 노동자에게는 애당초 조국이 없다고. 마르크스와 엥겔스는 오해와 오독을 막기 위해 즉각 보완 설명에 들어갑니다. 프롤레타리아 계급이 부르주아 계급과의 투쟁에서 승리해 정치권력을 잡아도, 이는 여전히 국가라는 범주와 경계 안에서 작동할 것이라는 점을 인정합니다(물론 프롤레타리아 계급의 국가는 부르주아 계급의 국가와는 큰 차이가 있겠지요).

하지만 부르주아 계급이 주도하는 자본주의사회에서도 상공업의 발전과 운송 및 통신의 혁신으로 거대한 세계시장이 형성되며, 국경이 갖는 중요성과 의미가 시나브로 약화되고 있습니다. 국경을 넘어 서로의 '먹고사니즘'이 긴밀하게 연결되고 생활방식에서 공통 요소가 증가함에 따라, 문화와 언어의 장벽을 넘어 세계시민으로 느끼는 공감대도 커지고 있습니다. 개별 국가의 경계를 넘어서는 거대한 흐름이 형성되고 있는 것이지요.

업 생산과 이에 상응하는 생활 관계의 획일성과 함께 점점 사라지고 있다.

세계 최초 노동자 민중 자치 정부였던 '파리 코뮌' 시기 외젠 포티에가 가사를 쓴 〈인터내셔널〉. 지금까지도 세계혁명을 상징하는 노래로 불리고 있다. 그림은 〈인터내셔널〉 프랑스어 악보.

프롤레타리아 계급의 지배는 이러한 분리와 대립을 점점 사라지게 할 것이다. 적어도 문명국들의 통일된 행동이 프롤레타리아 계급의 해방을 위한 선결 조건 가운데 하나이다.

한 개인에 의한 다른 개인의 착취가 폐기되는 정도에 따라, 한 국가에 의한 다른 국가의 착취도 폐기될 것이다.

국가 내부의 계급 대립이 없어지면 국가 간의 적대적 관계도 없어질 것이다.

국가에 의한 국가의 착취

마르크스와 엥겔스는 프롤레타리아 계급이 사회의 권력을 쥐게 되면 개별 국가의 경계가 옅어지는 추세가 더욱 가속화될 것으로 보았습니다. 자본주의 시대에는 힘센 나라가 약한 나라를 착취, 억압, 수탈하는 제국주의가 명백히 존재하며, 국가와 민족 사이에 다양한 갈등이 존재하는 것이 주지의 사실입니다. 하지만 모든 착취와 억압에 반대하는 프롤레타리아 계급의 지배 영역이 늘어날수록, 그래서 한 개인의 다른 개인에 대한 착취가 폐기됨에 따라, 한 나라가 다른 나라를 착취하는 일이나 국가 간의 적대 관계도 사라질 것이라고 보았습니다. 마르크스와 엥겔스는 문명국이라는 표현을 종종 썼는데, 이는 더 일찍 자본주의가 발전하고 그에 따라 프롤레타리아 계급이 여타 국가에 비해 성숙한 나라를 뜻하는 것입니다. 이러한 나라들 내부에서 먼저 프롤레타리아 혁명이 성공하고 이 나라들이 단결하고 연대해서 세계 혁명의 도화선이 되는 것이 전 세계 프롤레타리아 계급 해방의 선결 조건이라고 보았습니다.

첨언하자면, 마르크스와 엥겔스의 예상과 다르게 프롤레타리아 혁명은 유럽의 자본주의 후발 주자인 러시아에서 1917년에 최초로 일어났습니다. 혁명을 이끌었던 레닌의 분석에 의하면

1917년 10월 러시아 혁명과 이후 내전, 외국 열강과의 전쟁에서의 승리를 통해 볼셰비키는 '소련', 소비에트 사회주의 공화국 연방을 탄생시킨다. 사진은 10월 혁명 당시 동궁으로 진격하는 적위대와 병사들. 이 전투를 끝으로 10월 혁명이 승리로 종결되었다.

제국주의 세계 체제의 가장 약한 고리였던 러시아에서 혁명이 일어난 것입니다. 당시 선진 자본주의 국가들은 세계 곳곳에서 식민지 쟁탈 경쟁을 하며 1차 세계대전을 불사하고 있었고, 이러한 제국주의 국가들 내부의 노동자 정당이나 단체는 국제주의를 배반하고 자국 부르주아와 함께 전쟁에 동참하는 경우가 많았습니다. 이러한 상황에서 후발 주자였던 러시아는 세계 자본주의 체제의 가장 취약한 고리였고, 마치 강물을 막는 거대한 둑(제국주의)의 가장 취약한 곳부터 물이 새듯 러시아에서 혁명이 일어났다는 이야기입니다.

물론 이것은 러시아 혁명을 이끈 지도자인 레닌의 사후 합리화일지도 모릅니다. 어쨌든 마르크스와 엥겔스의 예상과는 달랐던 것은 사실이지요. 좀 맥락이 다른 얘기이지만, 러시아나 동유럽에 존재했던 '현실 사회주의'는 마르크스와 엥겔스가 추구했던 모습과 다르게 변질되었으므로 그 체제는 엄밀하게 보았을 때 사회주의가 아니라고 주장하는 목소리도 있습니다. 진정한 사회주의는 아직 지구에서 구현된 적이 없다는 이야기일 텐데요. 아마도 '현실 사회주의'를 가짜 사회주의로 비판하면서, 마르크스와 엥겔스의 진짜 사회주의를 방어하고 옹호하려는 의도 같습니다. 그런데, 이것이 과연 진짜와 가짜를 딱 잘라 구분할 수 있는 단순한 문제일까요? 안타깝지만 현실은 언제나 복잡합니다.

종교적, 철학적 관점에서, 그리고 이데올로기적 관점에서 제기되는 공산주의에 대한 비난은 상세하게 해명할 가치가 없다.

사람들의 생활 관계, 사람들의 사회관계, 사람들의 사회적 존재와 더불어 그들의 관념, 견해, 개념, 한마디로 그들의 의식 또한 바뀐다는 것을 이해하는 데 이보다 더 깊은 통찰이 필요하다는 말인가?

정신적 생산이 물질적 생산과 더불어 변형된다는 것 말고 이념의 역사가 무엇을 증명한다는 말인가? 한 시대의 지배적 이념은 항상 지배계급의 이념일 뿐이었다.

지배적 이념은 지배계급의 이념

마르크스와 엥겔스는 공산주의 사상에 대한 부르주아들의 비판에 일일이 대응할 가치조차 없다고 언급합니다. 사람들이 먹고사는 방식이 변함에 따라 사람들의 사고방식이나 문화도 달라졌습니다. 부르주아들이 공산주의 사상을 비판할 때는 자신들의 사상을 기준으로 삼지요. 그런데 자신들이 옳다고 믿는 그 사상이야말로 부르주아적 사적 소유를 정당화시키는 하나의 거대한 신화에 지나지 않습니다. 마르크스와 엥겔스는 그런 편견이 가득한 잣대로 공산주의 사상에 대해 비판하는 것에 일일이 대응할 가치를 느끼지 못한다고 일갈합니다. 한 시대의 지배적 이념이란, 결국 그 시대 지배계급의 이익을 정당화시키는 이념일 뿐이라는 것입니다.

흔히들 계몽사상, 공화주의 사상 때문에 부르주아 혁명이 일어났다고 말합니다. 물론 그 말이 완전히 틀린 것은 아닙니다. 하지만 겉모습만 담아낸 반쪽짜리 분석입니다. 앞서 언급했듯이 낡은 봉건사회 내부에서 상공업이라는 새로운 사회의 요소가 형성되었으며, 봉건영주들의 이익과 상공업자들의 이익이 충돌하여 투쟁하는 가운데 상공업자들이 승리했습니다. 이 승리의 결과로 18세기 기독교 사상이 계몽사상에게 지배 사상의 자리를

원숭이도 이해하는

공산당 선언

사람들은 전체 사회에 혁명을 일으키는 이념에 대해 이야기한다. 그러나 그것은 낡은 사회 내부에서 새로운 사회의 요소들이 형성되었다는 사실, 낡은 생활 관계의 해체와 함께 같은 보조로 낡은 이념 또한 해체된다는 사실을 이야기하는 것일 뿐이다.

고대 세계의 멸망이 가까워졌을 때 고대 종교는 기독교에 의해 정복당했다. 18세기의 기독교 사상이 계몽사상에 굴복했을 때, 봉건사회는 당시로서는 혁명적이던 부르주아 계급과 목숨을 건 전쟁을 치렀다. 양심의 자유와 종교의 자유라는 사상은 단지 지식의 영역에서 이루어지는 자유경쟁의 지배를 표현했을 뿐이었다.

내주게 된 것입니다. 이처럼 이념의 세계는 먹고사니즘 세계의 꽁무니를 뒤쫓을 뿐이지요. 마찬가지 맥락에서, 고대 종교가 기독교에 정복당한 것도 각각의 사상을 내세운 세력들 간의 투쟁 결과에 맞춰 지배 사상이 교체된 것에 지나지 않습니다.

결국 부르주아 계급이 봉건영주들에 맞서 싸우며 내세웠던 '양심과 종교의 자유'라는 사상은, 지식과 담론의 영역에서 벌어지는 계급투쟁에서 부르주아 계급이 내세우는 허울 좋은 구호일 뿐입니다. 부르주아 계급 역시 지배계급이 된 후 공산주의자들의 사상을 억압하는 것에서 그 본질이 적나라하게 드러나지요.

사람들은 이렇게 말할 것이다. "물론 종교, 도덕, 철학, 정치, 법률 등등의 이념은 역사의 발전 과정에서 변화해왔다. 그러나 이런 변화 속에서도 종교, 도덕, 철학, 정치, 법률 자체는 늘 유지되었다.

게다가 자유, 정의 등과 같이 어떤 사회 상황에서건 공통된 영원한 진리가 있다. 그런데 공산주의는 영원한 진리를 폐기한다. 종교와 도덕을 개조하는 대신 그것들을 폐기한다. 따라서 공산주의는 지금까지의 모든 역사 발전과 모순된다."

이러한 비난은 결국 무엇으로 귀착되는가? 지금까지 모

과거 이념과의 결별

“공산당은 하느님도 없고 애비 애미도 없고……” 공산주의자들은 종교도 부정하고 삼강오륜(도덕)도 없다는 식의 비난은 예나 지금이나 크게 다르지 않은 것 같습니다. 공산주의자들이 종교와 도덕을 폐기하려 한다는 비난에 대해 마르크스와 엥겔스는 역시 정면으로 대응합니다. 지금까지 시대와 지역을 초월해 종교나 도덕 같은 것이 존재해왔던 것은, 지금까지의 인간 사회가 그 다양성과 차이에도 불구하고 한 계급에 의한 다른 계급의 착취라는 공통된 형태를 띠고 있었기 때문이라는 겁니다. 이런 착취를 유지하기 위해서는, 그것을 정당화하고 뒷받침하는 소위 ‘종교, 도덕, 법률’이 시대와 지역을 초월해 필요했던 것이지요.

하지만 공산주의 혁명은 이런 일체의 착취로부터 가장 철저하게 결별하는 것이기 때문에, 마르크스와 엥겔스는 특정 계급의 사회 지배를 정당화시키는 종교, 도덕, 법률 등과 철저하게 결별하는 것이 전혀 놀랄 만한 일이 아니라고 주장합니다.

든 사회의 역사는 시대마다 서로 다른 형태를 띠는 계급 대립 속에서 움직여왔다.

그러나 그것이 어떤 형태를 띠든, 사회의 일부가 다른 일부를 착취해왔다는 것은 과거 모든 세기에 공통된 사실이다. 그러므로 지난 모든 세기의 사회적 의식은, 다양성과 차이에도 불구하고, 일정한 공통된 형태 안에서, 계급 대립이 완전히 사라진 뒤에야 비로소 완전히 해체되는 의식의 형태 안에서 움직인다는 것은 조금도 놀라운 일이 아니다.

공산주의 혁명은 과거로부터 내려온 소유관계와 가장 철저하게 결별한다. 따라서 그 발전 과정에서, 과거로의 이념들과 가장 철저하게 결별한다는 것은 놀랄 일이 아니다.

상부구조

정치적, 도덕적, 예술적, 종교적, 철학적 견해
및 그에 상응하는 기관과 조직

토대

경제적 요소를 중심으로 하는 물질적 측면,
생산관계의 총체

마르크스와 엥겔스는 토대가 상부구조를 규정한다고 하면서 생산관계의 중요성을 강조했지만, 잠정적으로 상부구조가 거꾸로 토대에 영향을 끼칠 가능성도 언급했다. 토대와 상부구조의 관계에 대한 기계적, 도식적 인식을 경계했기 때문이다.

그러나 공산주의에 대한 부르주아 계급의 비난은 그냥 놓아두기로 하자.

우리는 이미 위에서 노동자 혁명의 첫걸음이 프롤레타리아 계급을 지배계급으로 끌어올리고 민주주의를 쟁취하는 것임을 살펴보았다.

프롤레타리아 계급은 부르주아 계급으로부터 모든 자본을 차례차례 빼앗고, 모든 생산도구를 국가의 손안에, 즉 지배계급으로 조직된 프롤레타리아 계급의 손안에 집중시키며, 가능한 한 빨리 생산력을 증대하기 위해 자신의 정치적 지배권을 이용할 것이다.

프롤레타리아 독재

프롤레타리아 계급이 사회의 지배계급이 되어야만 진정한 민주주의, 그야말로 '인민대중'이 주인이 되는 사회를 쟁취할 수 있습니다. 권력을 틀어쥔 프롤레타리아 계급은 부르주아 계급의 손에 있는 자본(생산수단)을 국유화해서 프롤레타리아 계급의 통제하에 두는 조치를 취합니다. 주기적인 공황 발생으로 생산력이 정체되거나 파괴되는 현상을 방지하고 지속적으로 생산력을 고양시키기 위해서, 프롤레타리아 계급이 장악한 국가기구를 통해 공공성에 기초한 계획경제 요소를 도입합니다. 하지만 이 과정에서 부르주아 계급의 저항과 반발은 필연적입니다. 그러한 저항을 뚫고 진정한 민주주의를 구현하기 위해서는, 권력을 틀어쥔 프롤레타리아 계급이 부르주아 계급에 대해 '독재'를 행사할 수밖에 없습니다. 이것이 바로 그 유명한 마르크스의 '프롤레타리아 독재'입니다. 자본주의사회가 부르주아 계급에 의한 '자본독재'라면 프롤레타리아 계급이 권력을 쥔 사회에서는 과도기적으로 '프롤레타리아 독재'가 실행됩니다.

'독재'라는 표현 때문에 거부감을 가지는 분들이 있을 것 같습니다. 여기서 이야기하는 독재란 전두환, 박정희 식의 지배를 말하는 것이 아닙니다. 자! 한 번 구체적으로 상상해봅시다. 대한

원숭이도 이해하는

물론 처음에는 이것이 소유권과 부르주아적 생산관계를 독재적으로 다루어야 이루어질 수 있다.

공산당 선언

민국에서 사회주의 정당이 드디어 집권에 성공했습니다. 대기업 국유화 절차에 관한 법률과 무상의료, 무상교육 실시를 위한 법안을 제정하고 집행하려 합니다. 부르주아 계급의 반발이 얼마나 심하겠습니까? 하지만 국가라는 권력 기구는 법과 제도를 제정하고 그것을 공권력을 통해 집행할 수 있는 권한을 가진 조직입니다. 프롤레타리아 국가는 기득권층의 반발에도 불구하고 국민의 절대 다수를 이루는 프롤레타리아 계급의 지지에 힘입어 새로 제정한 법과 제도에 근거해 이러한 절차를 뚝심 있게 집행합니다. 이러한 상황을 '프롤레타리아 독재'라고 부르는 것입니다. 때문에 '프롤레타리아 독재'는 민주주의에 반대되는 개념이 아니라 오히려 진정한 민주주의를 실현하기 위해 취하는 불가피한 조치라고 할 수 있습니다.

원숭이도 이해하는

공산당 선언

다시 말해, 경제적으로 충분하지 않고 오래가지 못할 것처럼 보이지만, 운동이 진행되면서 스스로를 뛰어넘는 조치들, 생산양식 전체를 변혁하는 수단으로서 불가피한 조치들을 통해서만 이루어질 수 있다.

물론 이 조치들은 나라에 따라 다양할 것이다.

그러나 가장 선진적인 나라들에서는 다음 조치들을 상당히 일반적으로 적용할 수 있을 것이다.

① 토지 재산을 몰수하고 지대를 국가 경비로 전용.

② 고율의 누진세.

③ 상속권의 폐기.

과도기의 과제들

과도기인 '프롤레타리아 독재' 시기에 실시되는 조치들은 공산주의적 이상의 기준으로 보았을 때는 미흡하거나 충분하지 않을 수 있습니다. 하지만 이러한 과도기적 조치를 통해서만 혁명과정은 심화되고 강화될 수 있으며, 이를 통해 사회 전체의 생산양식 모두를 변혁하는 단계로 나아갈 수 있습니다. 물론 과도기적 조치들의 구체적인 내용은 프롤레타리아 계급이 권력을 쥐게 된 각 나라의 구체적인 조건이나 상황에 따라 다를 것입니다. 마르크스와 엥겔스는 가장 선진적인 나라들, 그러니까 여타 나라들에 비해 자본주의가 발전해서 프롤레타리아 계급의 역량 역시 성숙한 나라들에서 취할 수 있는 일반적인 조치 열 가지를 제시합니다. 내용을 찬찬히 살펴보면 (전면적으로든 부분적으로든) 많은 내용이 현대 자본주의 국가에서 이미 실시되고 있음을 알 수 있습니다. 프롤레타리아 계급의 역량이 성장함에 따라, 또한 일부 국가들에서는 일시적으로나마 프롤레타리아 계급이 권력을 틀어쥐기도 하면서 자본주의 국가에 사회주의적인 요소들이 도입되고 확대되어온 것입니다. 하나씩 짚어볼까요?

① 대부분의 나라에서 일정 수준의 토지공개념은 도입이 되어

④ 모든 망명자와 반역자의 재산 몰수.

⑤ 국가 자본과 배타적 독점권을 지닌 국립은행을 통해 국가의 수중으로 신용을 집중.

⑥ 운송 수단을 국가의 수중으로 집중.

⑦ 국립 공장과 생산 도구의 증대, 공동 계획에 따른 토지의 개간과 개량.

⑧ 모든 사람에 대한 평등한 노동 의무, 산업 군대 특히 농업을 위한 산업 군대의 창설.

⑨ 농업과 산업 경영의 단일화, 도시와 농촌의 차이를 점진적으로 해소하고자 노력.

있습니다. 그래서 국공유지의 비율을 일정 수준 보장하고 사유지에서 발생하는 지대에 세금을 부과하기도 하지요. 하지만 사유지의 비중이 여전히 상당히 높은 것 또한 사실이지요.

② 누진세는 이미 상식입니다. 물론 나라마다 그 정도의 차이는 있지요.

③ 상속권에 대해서도 폐기까지는 아니지만 중과세 등의 방식으로 일정한 제한이 가해지고 있습니다.

④ 이 내용은 프롤레타리아 혁명에 반대하고 도망가는 사람에 대한 처분이라 자본주의사회에 적용하기에는 애매한 점이 있습니다.

⑤ 현대 자본주의에서는 이전에 비해 국가 경제에서 정부 부문이 차지하는 비중이 꽤 높습니다. 정부 관리 하의 은행이나 연금도 중요한 역할을 하고 있지요. 물론 아직 대다수의 나라에서 사적인 영역이 훨씬 큰 비중을 차지하고 있지만요.

⑥ 철도나 도로망 및 항공 등의 운송망은 국가가 직접 관리하는 사례가 많습니다.

⑦ 국공립 기업들이 경제에서 중요한 역할을 하며, 토지 이용에 있어서도 중앙정부나 지방정부가 계획적으로 운용하는 경우도 드물지 않습니다. 다만 여전히 사적인 영역의 비중이 큰 것 또한 사실입니다.

⑩ 모든 아동에 대한 무상 공교육, 오늘날과 같은 형태의 아동의 공장 노동 폐기, 교육과 물질적 생산의 결합 등등.

⑧ 착취 사회에서는 노동하지 않는 이들이 노동하는 이들의 몫을 빼앗습니다. 모든 형태의 착취에 반대했던 마르크스와 엥겔스는 사회 구성원 모두에게 사회의 생산 시스템에 참여할 의무를 평등하게 부과해야 한다고 생각했습니다. 특히 국가적 차원에서 농업을 지원해야 할 필요성을 강조했는데요. 이렇게 공동체 혹은 국가 차원에서 사회의 노동력을 통제하는 건 아직 현대 자본주의에서는 찾기 힘든 모습입니다. 사회의 공복으로 일하는 공무원이 그나마 조금 가까운 예일 것 같습니다. 어쩌면 사회주의는 대다수의 사람들이 공무원으로 일하는 사회의 모습과 비슷하지 않을까요?

⑨ 알다시피 현대 자본주의사회에서도 도시와 농촌의 차이를 극복하고 통합하기 위해 정부가 다양한 정책적 재정적 노력과 지원을 하고 있습니다. 물론 그 노력이 충분한지에 대해서는 의구심이 들지만요.

⑩ 아동에 대한 무상 공교육 제공이나 공장 노동 폐기는 오늘날에는 이론의 여지가 없는 상식이 되었습니다. 하지만 '교육과 물질적 생산의 결합', 그러니까 학교 교육 현장에서 직접 노동을 체험하며 그 중요성을 깨닫는 기회는 여전히 적지 않나 싶네요.

여러 가지 한계도 있지만, 마르크스와 엥겔스가 오늘날의 자

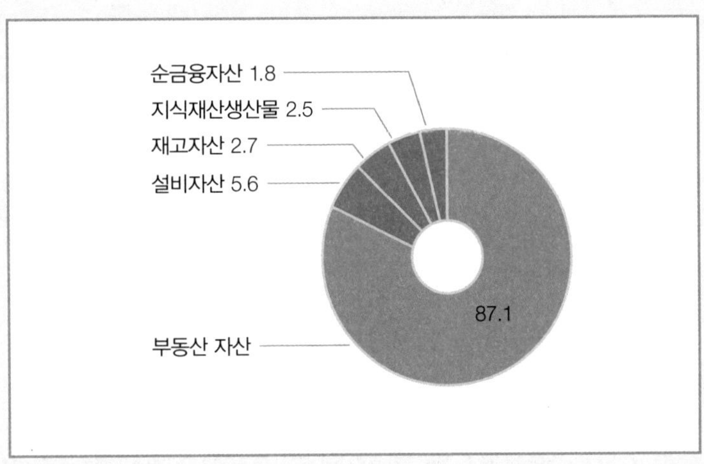

한국은행과 통계청의 〈2015년 국민대차대조표(잠정)〉에 따르면 한국의 국부 총액 1경 2360조 원 중 87%에 해당하는 1경 741조 원이 부동산 자산이다. 당시에도 토지 문제가 심각했던지, 마르크스와 엥겔스는 《공산당 선언》에서 과도기의 과제들 중 첫째로 "토지 재산을 몰수하고 지대를 국가 경비로 전용"해야 함을 주장했다.

본주의 국가들을 보면 사회주의적 성격이 많이 배합된 것에 놀라지 않을까 싶습니다. 과연 현대 자본주의 국가들을 순수한 '자본주의'라고 부를 수 있는지 고민이 들 정도입니다. 그만큼 자본주의가 마르크스와 엥겔스가 목격하던 시절과는 많이 달라진 것이 사실입니다.

하지만 여전히 자본가 계급에게 권력의 추가 크게 기울어 있으며 사회의 대다수를 차지하는 노동자들의 힘이 상대적으로 미약한 것 또한 부인할 수 없는 현실입니다. 몇몇 복지국가를 제외한 대다수의 나라에서 공공 부문에 비해 시장의 영향력이 여전히 큽니다. 1인 1표의 민주주의가 아니라 1만 원 1표의 냉혹한 시장에서는 거대한 부를 지닌 자본가가 유리할 수밖에 없지요. 마르크스와 엥겔스가 《공산당 선언》을 쓰던 시절에 비해 사회가 진일보한 것은 명백하지만, 여전히 갈 길은 멉니다.

원숭이도 이해하는

공산당 선언

발전 과정에서 계급적 차이가 사라지고 모든 생산이 연결된 개인들의 손안에 집중되면, 공권력은 정치적 성격을 잃게 될 것이다. 본래 정치적 폭력이란 한 계급이 다른 계급을 억압하기 위해 조직된 폭력을 뜻한다. 만일 프롤레타리아가 부르주아 계급과의 투쟁에서 필연적으로 계급으로 단결한다면, 혁명을 통해 스스로 지배계급이 되고 지배계급으로서 낡은 생산관계를 폭력적으로 폐기한다면, 그들은 생산관계와 아울러 계급 대립의 존재 조건과 계급 자체를 폐기하게 될 것이며, 따라서 자기 자신의 계급적 지배까지도 폐기하게 될 것이다.

자본주의 국가는 부르주아 계급의 이익을 위해 프롤레타리아 계급에게 공권력을 행사합니다. 반대로 '프롤레타리아 독재' 시기의 국가는 프롤레타리아 계급의 이익을 위해 부르주아 계급에게 공권력을 행사합니다. '프롤레타리아 독재'의 과도기를 거쳐 사회 구성원 사이에 계급적 차이가 소멸되고 생산이 '연결된 개인'들의 이익을 위해 통제된다면, 한 계급이 다른 계급을 억압하기 위해 조직된 폭력 기구로서의 국가는 종국에 그 정치적이고 계급적인 성격을 상실하게 됩니다. 부르주아 계급이 사라진 상황에서는 프롤레타리아 계급의 '지배'라는 말 자체가 성립할 수 없기 때문이지요. 지배할 대상이 없지 않나요? 결국 계급 억압 기구로서의 국가는 그 존재의 이유가 사라져 사멸하게 되며, 각 개인들의 자유로운 발전이 사회 구성원 모두의 자유로운 발전의 밑거름이 되며 조화를 이루는 진정한 공동체가 구현될 것이라고 마르크스와 엥겔스는 《공산당 선언》에서 주장했습니다. "II. 프롤레타리아와 공산주의자들"을 마무리하는 내용이기도 합니다.

마르크스는 인류가 공산주의 단계에 진입하면 사람들이 '능력에 따라 일하고 필요에 따라 분배받는' 사회가 될 것이라고 예측했습니다. 경제 시스템에서 계획성과 공공성이 확대되어 주기적

원숭이도 이해하는

공산당 선언

계급과 계급 대립으로 이루어진 낡은 부르주아사회 대신 각자의 자유로운 발전이 모두의 자유로운 발전의 조건이 되는 협력체가 들어설 것이다.

인 공황에 의한 생산력 파괴 현상은 일소되고, 생산력이 끊임없이 발전해 사람들은 더 적은 시간을 노동하고도 생활을 유지하는 데에 전혀 불편함이 없을 정도로 충분한 생산이 이루어집니다. 모든 사람들이 자신의 능력껏 생산 활동에 참여하며, 넉넉한 여가 시간을 활용해 삶을 풍요롭게 하는 다양한 활동에 참가합니다. 물자가 풍부하니 마치 마을 공동체의 우물에서 물을 길어 올리듯 누구나 필요한 만큼 공공의 재산에서 가져다가 사용합니다. 이런 환경에서는 굳이 남들보다 더 많이 소유하기 위해 아등바등할 이유도 없어지지요.

너무 이상적이라고 생각하나요? 우리는 앞서 마르크스와 엥겔스가 공산당 선언에서 언급했던 열 가지 개혁 조치들이 이미 현실에서 (부족하지만) 일정 부분 실현되고 있는 것을 확인했습니다. 마르크스와 엥겔스 시대의 사람들 대부분은 상상도 못했던 변화일 것입니다. 마찬가지로, "각자의 자유로운 발전이 모두의 자유로운 발전의 조건이 되는 협력체"는 생각보다 그렇게 멀지 않은 우리의 미래일지도 모르겠다는 생각을 조심스럽게 해봅니다.

III. 사회주의와 공산주의 문헌

과학적 공산주의의 입장에서 사회주의,
공산주의를 표방하는(했던) 정치 세력들의
한계와 오류에 대해 비판.

"그들은 노동자의 모든 정치 운동에
격분하며 반대한다."

- 우스꽝스러운 인상
- 기독교 사회주의의 봉건성
- 프티부르주아의 몰락
- 과거 회귀에 대한 공상
- 물질적 토대 없는 관념과 형이상학
- 인간 모두의 이익이라는 환상
- 절대주의를 위한 허수아비
- 더러운 허풍쟁이
- 개량주의자
- 부르주아는 부르주아
- 프롤레타리아의 초기 시도
- 공상적 사회주의자
- 자산가들의 작은 실험
- 불확실한 예감
- 낡은 견해에 대한 맹신

원숭이도 이해하는

공산당 선언

III. 사회주의와 공산주의 문헌

(1) 반동적 사회주의

ㄱ. 봉건적 사회주의

프랑스와 영국의 귀족들은 역사적 지위 때문에 현대 부르주아사회를 반대하는 팸플릿을 써야 할 사명을 띠고 있었다. 1830년 프랑스의 7월 혁명과 영국의 개혁 운동에서, 그들은 가증스러운 돌발 세력에 의해 다시 한 번 패배를 맛

우스꽝스러운 인상

부르주아 계급과의 싸움에서 번번이 패배하며 역사의 뒤편으로 사라지는 봉건귀족들은, 그런 자신들의 역사적 처지 때문에 부르주아 계급에 대한 저주를 퍼붓는 팸플릿을 작성합니다. 이미 밀릴 대로 밀린 처지에서 그들에게 남은 투쟁의 수단은 글밖에 없지요. 그런데 글로 자신들의 본심을 솔직하게 이야기한다면 어떨까요? "우리는 말이야! 계속 귀족의 지위를 누리며 잘 먹고 잘 살고 싶은데, 저놈의 부르주아들이 우리 머리 위로 올라와서는 우리를 너무 못살게 구네. 부르주아 놈들, 정말 나쁜 놈들이야!" 이런 이야기에 소수의 귀족을 제외하고 누가 공감할까요? 때문에 이들은 본심은 꼭꼭 숨기고 부르주아 계급에게 피해당하는 노동자 계급을 위하는 양 글을 쓸 수밖에 없습니다. 이런 식으로 말이지요. "우리 귀족들은 노동자 계급을 착취하고 억압하는 부르주아들에게 치밀어 오르는 분노를 느낍니다. 우리 귀족들이라면 절대 그런 행동을 하지 않을 텐데, 교양 없고 돈만 아는 부르주아들 때문에 너무 많은 사람들이 고통을 받고 있습니다."

이것이 바로 '봉건적 사회주의'입니다. 그들이 노동자 계급을 위하는 언사를 늘어놓을 때 일견 사회주의적인 외양을 띠지만,

보았다. 중대한 정치투쟁에 관해서는 두말할 나위도 없었다. 그들에게는 글을 통한 투쟁밖에 남지 않았다. 그러나 문헌의 영역에서도 왕정복고 시대의 낡은 상투어는 이미 통하지 않았다. 공감을 얻기 위해서, 귀족들은 겉으로는 자신들의 이익은 안중에도 없으며 오로지 착취당하는 노동자 계급의 이익만을 위하는 척하면서 부르주아 계급에 대한 공소장을 작성하는 수밖에 없었다. 그들은 새로운 지배자를 헐뜯는 노래를 부르고 약간은 불길한 예언을 지배자의 귀에 대고 속삭이면서, 분풀이를 해나갔다.

이렇게 해서 봉건적 사회주의가 태어났다. 그것은 절반

그들의 본질은 사회주의로 분칠한 가면 뒤에 존재하는 '봉건성'입니다. 이런 이중성 때문에, 써내려가는 글 역시 이중적입니다. 절반은 부르주아 계급에 대한 비판과 풍자이지만 나머지 절반은 자신들의 신세 한탄이지요. 절반은 과거의 메아리, 절반은 미래에 대한 위협입니다. 때로는 재치 있는 글 솜씨로 부르주아 계급을 비난하지만, 그들은 사멸해가는 세력으로 역사의 흐름을 전혀 이해하지 못하고 우스꽝스러운 인상만 남길 뿐입니다.

생각해보세요. 조선 시대 양반들이 타임머신을 타고 대한민국에 왔습니다. 그들이 대한민국에서 발생하는 모순과 부조리를 목격하며 분노를 표시합니다. 그런 분노가 일견 타당하고 정당해보일 수도 있겠지요. 하지만 그들이 "조선 왕조와 양반 사회가 무너져서 세상이 이렇게 됐다"고 이야기한다면, 그 모습이 얼마나 우스꽝스럽겠습니까.

마찬가지로 농노를 착취하던 귀족들이 프롤레타리아 계급의 처지에 공감한다며 마치 사회주의자인 것처럼 깃발 들고 앞장서니, 그 모습이 얼마나 우스꽝스럽겠습니까. 그들은 자신들이 지배하던 시기에는 이렇게 가난한 노동자들이 없었다고 주장합니다. 자기들 대신 부르주아들이 세상을 지배하니 가난한 노동자들이 들끓게 됐다는 말이지요. 귀족들은 자신들의 시대에 대규모로 존재했던 농노들을 벌써 잊었나 봅니다. 노동자와는 다른

은 비가였고, 절반은 풍자였다. 절반은 과거의 메아리였고, 절반은 미래에 대한 위협이었다. 때로는 신랄하고 기지에 찬 독설적인 선고로 부르주아 계급의 간담을 서늘하게 했으나, 현대사의 흐름을 전혀 이해 못하는 철저한 무능력 때문에 늘 우스꽝스러운 인상을 남겼다.

귀족들은 자기 뒤로 모이라면서 프롤레타리아의 동냥자루를 손에 쥐고 깃발처럼 민중을 향해 흔들어댔다. 그러나 민중은 귀족의 뒤를 따라 나설 때마다 그들의 등 뒤에 그려진 낡은 봉건적 문장을 발견하고는, 큰 소리로 비웃으며 사방으로 흩어져버렸다.

방식으로 농노는 귀족에게 가혹하게 착취당했습니다. 앞서 설명했듯이 부르주아 계급은 봉건시대에 상공업 발전 과정에서 등장한 세력입니다. 귀족들이 사회를 지배하던 시대가 낳은 '필연적인 후예'가 부르주아 계급이지요. 하지만 봉건귀족들은 자신들의 전성시대에만 기억과 시선이 멈춰 있기 때문에, 그들의 시대가 가고 새로운 시대가 왔다는 사실을 망각하는 것입니다.

프랑스 정통 왕당파 일부와 청년 영국파가 이 같은 희극의 가장 좋은 예였다.

봉건주의자들이 자신들의 착취 방식은 부르주아적 착취 방식과는 달랐다는 것을 증명한다면, 지금과는 전혀 다른, 시대에 뒤떨어진 상황과 조건 밑에서 착취를 했었다는 사실을 잊은 것에 불과하다. 자신들이 지배할 때 현대 프롤레타리아 계급이 존재하지 않았다는 것을 입증한다면, 그들은 현대 부르주아 계급이야말로 자신들의 사회 질서가 낳은 필연적인 후예라는 사실을 잊은 것에 불과하다.

봉건시대 가혹하게 수탈당했던 농노를 묘사한 그림.

원숭이도 이해하는

그들은 자신들의 비판이 지니고 있는 반동적 성격을 감추지도 않는다. 부르주아 정권 하에서 낡은 사회 질서 전체를 공중으로 날려 버릴 계급이 발전하고 있다는 것이 부르주아 계급에 대한 그들의 주요 비난이 될 정도이다.

단순한 프롤레타리아 계급이 아니라 혁명적 프롤레타리아 계급을 만들어내기 때문에 그들은 부르주아 계급을 더욱더 비난한다.

그러므로 그들은 정치적 실천에서는 노동자 계급에 대한 모든 폭력적 조치에 가담하고 있으며, 일상생활에서는, 자신들의 모든 부풀려진 미사여구에도 불구하고, 황금 사과들

공산당 선언

기독교 사회주의의 봉건성

봉건적 사회주의자들은 부르주아 계급에 대한 비판을 하면서도 자신의 반동성을 감추지 않습니다. 그들은 노동자 계급의 비참한 상황에 대해서 우려하고 비판하지만, 그렇다고 그것이 프롤레타리아 계급에 대한 지지와 응원을 뜻하지는 않습니다. 그들은 자칫 프롤레타리아 계급이 권력을 틀어쥐고 진정한 혁명이 일어날까봐 두려운 마음에 현 상황에 대한 우려를 쏟아내는 것입니다. 분노한 프롤레타리아 계급이 파업에 나서고 시위를 일으키면, 그들은 언제든지 파업과 시위를 분쇄하기 위한 공권력 투입에 찬성하고 지지를 보내지요. 이들은 이렇게 입으로는 부르주아 계급에 대한 비판을 쏟아내지만, 한편으로는 감소한 수입을 벌충하기 위한 "장사를 마다하지 않으며" 부르주아 계급의 사업 파트너가 되어 뒤로 한몫 챙기기도 합니다.

기독교 역시 봉건귀족들의 이러한 기만적 행위에 동참합니다. 전통적으로 기독교는 교리 차원에서 사적 소유, 결혼, 국가에 대해 반대했습니다. 자선과 구호에 종사하며 독신 생활을 한 중세 수도사들의 삶을 보면 그 사실을 알 수 있지요. 때문에 기독교는 사회주의적 색채를 입히기가 아주 쉽습니다. 그렇지만 중세 기독교 역시 봉건 지배의 한 축을 담당한 세력일 뿐입니다. 그

을 주워 담으며 충성, 사랑, 명예를 양털, 사탕무, 술과 맞바꾸는 장사를 마다하지 않는다.

성직자가 언제나 봉건영주와 손을 잡았듯이, 성직자 사회주의 또한 봉건적 사회주의와 손을 잡았다.

기독교적 금욕주의에 사회주의적 색채를 입히는 것보다 더 쉬운 일은 없다. 기독교 또한 사적 소유, 결혼, 국가에 대해 극구 반대하지 않았던가? 그 대신 기독교는 자선과 구걸, 독신과 금욕, 수도원 생활과 교회에 대해 설교하지 않았던가? 기독교 사회주의는 성직자가 귀족들의 분노를 축복하는 성수일 뿐이다.

들 역시 봉건사회 질서가 무너지면 기득권을 잃기 때문에, 귀족들의 우려에 공감하지 않을 수 없지요. 그런 이유로 소위 기독교 사회주의는 봉건귀족들의 분노에 그럴듯한 정당성을 부여하는 일종의 성수 역할을 할 뿐입니다.

ㄴ. 소시민적 사회주의

부르주아 계급에 의해 타도되어 현대 부르주아사회에서 생활 조건이 나빠지고 소멸된 계급이 봉건귀족만은 아니다. 중세의 성외 시민과 소농민이 현대 부르주아 계급보다 앞선 사람들이었다. 산업과 상업의 발전이 뒤처진 나라들에서는 이 계급이 아직도 신흥 부르주아 계급 옆에서 근근이 살아가고 있다.

현대 문명이 발전한 나라들에서는 새로운 소시민층이 형성되었다. 이들은 프롤레타리아 계급과 부르주아 계급 사이를 떠돌면서 부르주아사회의 보충물로서 끊임없이 새로 형

프티부르주아의 몰락

봉건귀족뿐만 아니라 중세의 성외 시민(중세의 영세 상공업자)과 소농민들도 부르주아 계급이 역사에 모습을 드러내기 전부터 존재했습니다. 이들은 신흥 부르주아 계급이 등장한 이후에도 한동안 자신의 영역에서 근근이 명맥을 유지했지요. 하지만 자본주의가 발전함에 따라 역사의 뒤안길로 사라질 운명이라는 점에서는 봉건귀족들과 다르지 않았습니다. 낙후된 봉건적 생산방식으로는 대자본에 맞서 생계를 유지할 수가 없었지요.

한편 자본주의가 발전하면서 새로운 소시민층(프티부르주아, 소부르주아라고도 부르는 소상공인)이 형성되었습니다. 마치 천국(부르주아)과 지옥(프롤레타리아) 사이에 연옥(소시민층)이 있듯이 이들은 부르주아와 프롤레타리아 사이에서 끊임없이 떠돌며 불안정한 상태로 존재합니다. 이들에게 천국(부르주아)으로 가는 길은 바늘구멍인 반면 지옥(프롤레타리아)은 가깝습니다. 결국 거대 산업이 발전하면서 시장에서는 대자본가의 영향력이 커지고, 그 결과 성외 시민, 소농민 그리고 소시민 등의 중간 계층은 경쟁 과정에서 입지를 잃고 대자본의 고용인이 되거나 실업자 군에 합류하며 결국 프롤레타리아 계급으로 전락하게 됩니다. 대기업 진출에 중소기업이 무너지고 거대 프랜차이즈가 골목 상권을 초

성된다. 그러나 소시민층의 구성원들은 경쟁을 통해 계속 프롤레타리아 계급으로 전락한다. 그리고 거대 산업이 발전함에 따라 자신들이 현대사회의 독자적인 부분으로는 완전히 소멸되고 상업, 제조업, 농업에서 노동 감독과 고용인들로 교체될 시점이 가까이 닥쳐오는 것을 제 눈으로 보게 된다.

토화시키는 것과 비슷한 현상이지요.

이러한 상황에서 소시민층은 자신의 처지와 현실에 대해 울분을 터뜨릴 수밖에 없겠지요. 소시민층의 목소리를 대변하는 지식인이나 문필가들은 일견 급진적이며 반체제적으로 보일 수 있는 주장들을 펼칩니다. 이들의 목소리는 일정한 수준의 영향력을 갖습니다. 소시민층은 불안한 미래와 부족한 입지에도 불구하고 어쨌든 자본주의사회의 한 축을 담당하는 세력이니까요.

원숭이도 이해하는

공산당 선언

프랑스처럼 농민 계급이 인구의 절반을 훨씬 넘는 나라들에서는, 부르주아 계급에 맞서 프롤레타리아 계급 편에 선 문필가들이 부르주아 체제를 비판하면서 소시민적이고 소농민적인 잣대를 들이대거나, 소시민적 관점에서 노동자 정당의 편에 서는 것이 당연한 일이었다. 이렇게 해서 소시민적 사회주의가 생겨났다. 시스몽디는 프랑스뿐만 아니라 영국에서도 이러한 문헌을 대표하는 우두머리다.

이 사회주의는 현대적 생산관계의 모순을 아주 날카롭게 해부했다. 이 사회주의는 경제학자들의 위선적인 변명을 폭로했는데, 기계장치와 분업의 파괴적 작용, 자본과 토지 소

과거 회귀에 대한 공상

소시민 계층이 상대적으로 두텁게 형성되어 있는 곳(예를 들어 프랑스)에서는 소시민의 관점에서 부르주아 계급을 비판하며 프롤레타리아 계급에 우호적인 입장을 취하는 지식인들이 존재했습니다. 이들이 바로 소시민적 사회주의자들인데 마르크스와 엥겔스는 그 대표 격으로 시스몽디Sismondi를 언급합니다. 스위스 출신의 경제학자 시스몽디는 마르크스에게 큰 영향을 끼친 것으로 알려져 있습니다. 그래서인지 마르크스와 엥겔스는 시스몽디를 언급하면서 자본주의 경제 시스템의 모순을 날카롭게 해부했다며 일단 긍정적으로 평가합니다. 하지만 곧이어 소시민 사회주의가 태생적으로 가질 수밖에 없는 한계와 오류를 한 치의 망설임 없이 지적합니다.

마르크스와 엥겔스는 소시민 사회주의가 가지는 일부 긍정성에도 불구하고 종국에는 역사의 수레바퀴를 거꾸로 돌리려 한다고 보았으며, 그런 의미에서 반동적이고 공상적(실현 가능성이 없다는 뜻으로)이라고 비판했습니다. 소시민 사회주의의 주장은 결국 매뉴팩처 길드 제도와 농촌 가부장제 경제로 돌아가자는 과거 회귀적 구호일 뿐이라고 일갈합니다. 발전하는 기계제 대공업 및 공장의 협업과 분업을 통해 이루어낸, 봉건제 사회와는 비

유의 집중, 과잉생산, 공황, 소시민과 소농민의 필연적 몰락, 프롤레타리아 계급의 빈곤, 생산의 무정부 상태, 부의 분배에서 나타나는 극심한 불평등, 국가 간의 처절한 산업적 섬멸전, 낡은 관습과 낡은 가족 관계와 낡은 국적의 해체를 반박할 여지없이 증명해냈다.

그러나 결정적인 내용으로 보자면, 이 사회주의는 낡은 생산수단과 교환 수단을 다시 만들어 내고 그와 함께 낡은 소유관계와 낡은 사회를 재건하려 한다. 또는 현대의 생산수단과 교환 수단들을 낡은 소유관계의 틀 속으로, 즉 현대의 생산수단과 교환 수단에 의해 파괴되었으며 또 파괴될

교할 수 없는 어마어마한 물질적 성과들마저 부정하는 오류를 범한 것입니다. 과거로 돌아가야만 생존할 수 있는 자신들의 처지를 적나라하게 드러내고 있지요. 결국 이 사상은 이러한 반동적이고 공상적인 특성 때문에 역사의 뒤안길로 쓸쓸히 사라져가는 운명이 되었다고 마르크스와 엥겔스는 평가합니다.

수밖에 없었던 낡은 소유관계의 틀 속으로 또다시 억지로 밀어 넣으려 한다. 두 가지 가운데 어느 경우든 이 사회주의는 반동적이며 또한 공상적이다.

매뉴팩처에서의 길드 제도와 농촌에서의 가부장제 경제, 이것이 이 사회주의가 남길 수 있는 마지막 말이다.

이후의 발전 과정에서 이러한 방향은 결국 비겁한 푸념에 빠지고 말았다.

프랑스 작가 발자크Honoré de Balzac의 소설 《프티부르주아*The Petty Bourgeois*》 1897년 출간본의 삽화.

ㄷ. 독일 사회주의 또는 '참된' 사회주의

프랑스의 사회주의와 공산주의 문헌은 지배계급인 부르주아의 억압 밑에서 태어난 것으로 지배계급에 대한 투쟁을 글로 표현한 것이다. 이 문헌이 독일에 들어온 것은 독일의 부르주아 계급이 봉건적 절대주의에 맞서 싸우기 시작할 때였다.

독일의 철학자들과 얼치기 철학자들, 문헌 애호가들은 이 문헌들에 탐욕스럽게 손을 뻗었지만, 이 문헌들이 프랑스에서 들어올 때 프랑스의 생활 조건도 함께 독일로 들어온 것은 아니라는 사실을 잊고 말았다. 독일의 상황 속에

물질적 토대 없는 관념과 형이상학

프랑스는 독일보다 앞서 자본주의로 이행했습니다. 프랑스에서 권력을 쥔 부르주아 계급은 사회를 자본주의식으로 재편했으며 이에 따라 프롤레타리아 계급이 형성되었고 그에 따라 자본주의의 모순도 심화되었습니다. 이런 분위기에서 자연스럽게 자본주의를 비판하는 사회주의와 공산주의 관련 글들이 생산되었지요. 하지만 프랑스의 사회주의 및 공산주의 관련 글들이 독일에 수입되던 시기에, 독일에서는 이제 막 부르주아 계급이 봉건세력에 맞서 싸우기 시작했습니다. 자본주의사회의 모순을 비판하는 사회주의 및 공산주의 이론들이 아직 자본주의가 제대로 형성되지 않은 독일에 수입된 것이지요.

비유하자면, 프랑스에서 제작된 '컴퓨터' 설명서가 독일로 들어왔는데 정작 독일에는 컴퓨터가 없는 셈이지요. 컴퓨터가 있는 프랑스에서는 설명서가 직접적이고 실천적인 의미를 지니지만, 컴퓨터가 없는 독일에서는 해당 설명서가 직접적이고 실천적인 의미를 상실한 채 한낮 뜬구름 잡는 사변적인 성격을 띨 수밖에 없었습니다. 프롤레타리아 계급이 없는데 어떻게 프롤레타리아 계급의 해방을 말할 수 있겠습니까! 이러한 현실과 이론의 괴리 속에서, 사회주의 공산주의 이론의 혁명적인 주장들은 공

서, 프랑스의 문헌은 직접적이고 실천적인 의미를 모두 잃고 순전히 문헌으로서의 겉모습만 띠게 되었다. 이 문헌들은 인간 본질의 실현에 관한 한가한 사변으로 보일 수밖에 없었다. 그리하여 18세기의 독일 철학자들에게는 제1차 프랑스 혁명에서 요구한 것들이 일반적인 '실천 이성'의 요구라는 의미만 있었을 뿐이고, 혁명적인 프랑스 부르주아 계급의 의지 표명이 그들의 눈에는 순수 의지, 즉 마땅히 그래야 할 의지, 참된 인간 의지의 법칙을 뜻했다.

허한 관념으로 변질됩니다. 프롤레타리아 계급의 의지는 인간 일반의 의지라는 두루뭉술하고 공허한 헛소리로 둔갑합니다. 이러한 변질은 독일 관념 철학의 그럴싸한 용어들, 이를테면 '실천이성'(칸트)이나 '순수 의지'(피히테) 따위로 포장되어 그 허접하고 앙상한 실체가 가려집니다.

독일 문필가들이 한 일이라고는 고작 새로운 프랑스의 이념들을 자신들의 낡은 철학적 양심과 조화를 이루게 하거나, 나아가 자신들의 철학적 관점에서 프랑스의 이념들을 습득하려는 것이었다.

이것은 외국어를 습득하는 방법과 똑같은 방법으로, 즉 해석을 통해 이루어졌다.

수도사들이 고대 이교도 시대의 고전 작품이 쓰여 있는 사본 앞에다 멋없는 가톨릭 성인전이라는 제목을 달았다는 것은 잘 알려진 사실이다. 독일 문필가들은 세속적인 프랑스 문헌을 가지고 이와 정반대의 일을 했다. 그들은 프랑스

인간 모두의 이익이라는 환상

컴퓨터 없이 컴퓨터 설명서를 이해하려니 얼마나 웃픈 일들이 계속 되겠습니까. 마르크스와 엥겔스는 이를 정확한 등가물이 없는 외국어 단어를 이해하기 위해 전혀 맥락도 근거도 없는 해석을 하는 상황에 빗댔습니다. 마치 그리스 신화 시대의 고전 작품을 뜬금없이 가톨릭 성인 이야기로 바꿔치기 하듯이! 프랑스 사회주의자들의 화폐 기능에 대한 비판은, 독일에서 '인간적 본질의 외화'(도대체 이게 뭘까요?)로 해석되었습니다. 프랑스 사회주의자들이 부르주아 국가를 비판하는 내용은, 독일에서 '추상적 보편의 지배 폐기'(이건 또 뭘까요?)라는 공염불로 전락합니다. 바로 이것이 독일 철학자들이 주장하는 '참된 사회주의'의 정체입니다. 프랑스 사회주의와 공산주의 문헌은 이 '참된 사회주의'를 통해 독일에서 그 진정한 의미를 박탈당했습니다. 그럼에도 독일 철학자들은 자신들이 프랑스 사회주의 사상의 편협성을 극복했으며, 어떤 한 계급(프롤레타리아 계급)의 이익이 아닌 인류 전체의 이익을 위한 사상으로 발전적으로 승화시켰다고 자화자찬했습니다. 컴퓨터도 없는 사람들이 컴퓨터 설명서를 멋대로 해석해놓고는 더 좋은 설명서를 만들었다고 하는 정말로 웃픈 상황입니다.

원전 뒤에 자신들의 철학적 헛소리를 적었다. 예를 들면, 화폐의 기능에 대한 프랑스 인들의 비판 뒤에 '인간적 본질의 외화'를 쓰고, 부르주아 국가에 대한 프랑스 인들의 비판 뒤에는 '추상적 보편의 지배 폐기' 등을 적었다.

이렇게 프랑스에서 이루어진 발전에다 자신들의 철학적 상투어를 끼워 넣는 짓을 그들은 '행동의 철학'이니 '참된 사회주의'니 '독일의 사회주의 과학'이니 '사회주의의 철학적 정초' 등등의 세례명을 부여했다.

이리하여 프랑스의 사회주의와 공산주의 문헌은 완전히 거세되고 말았다. 이 문헌이 독일인의 손안에서는 더 이상

부연하자면, 마르크스와 엥겔스는 당시 독일 관념론 철학에 매우 비판적이었습니다. 물론 독일 관념론 철학이 인류 사상사에서 이룬 업적은 대단합니다. 마르크스와 엥겔스도 이로부터 영향을 받았지요. 하지만 과학 발전의 성과를 목격하며 유물론자가 된 마르크스와 엥겔스는 당시 독일 철학의 관념론적 한계를 적나라하게 지적합니다. 헤겔에 이르러 정점을 이룬 독일의 관념론 철학은 기본적으로 세상의 근원은 '신'과 같은 정신적 존재라고 보았습니다. 세상 돌아가는 이치는 결국 이 정신적 존재의 의지가 반영되었다고 생각했지요. 마르크스와 엥겔스는 '유물론자'였습니다. 세상의 근원을 물질이라고 보았습니다. 마르크스와 엥겔스는 역사 유물론을 통해 생산력과 생산관계의 모순이라는 물질세계의 현상을 중심으로 사회와 세계를 분석합니다. 하지만 독일의 관념론 철학자들은 초월적인 절대정신이 자신의 뜻을 펼쳐 나가는 과정이 곧 역사라고 생각했습니다. 절대정신의 의지대로 역사가 만들어지는 것이라면 사실 인간이 할 수 있는 것은 아무것도 없지 않을까요? 프롤레타리아가 혁명을 통해 새로운 역사를 만들어갈 것이라고 주장한 마르크스와 엥겔스 입장에서는, 독일 관념론 철학에 대해 매우 비판적일 수밖에 없었습니다.

어떤 계급에 대한 다른 계급의 투쟁을 표현하지 않게 되었으므로, 독일인들은 자신들이 '프랑스의 일면성'을 극복했으며, 진실된 욕구 대신 진실에 대한 욕구를, 프롤레타리아의 이익 대신 인간 본질, 어느 계급에도 속하지 않고 현실적으로는 결코 존재하지 않으며 오직 철학적 환상의 안개 속에서만 존재하는 인간 모두의 이익을 대변했다고 생각하게 되었다.

마르크스와 엥겔스가 철저하게 비판한 독일 관념론의 대표 철학자들. 윗줄 왼쪽부터 시계 방향으로 헤겔, 칸트, 셸링, 피히테.

자신의 보잘것없는 습작을 그렇듯 진지하고 엄숙하게 받아들이며 소리 높여 호객 행위를 하던 이 독일 사회주의는 시간이 지남에 따라 조금씩 현학적 순진함을 잃어 갔다.

봉건영주와 절대왕정에 대항하는 독일, 특히 프로이센 부르주아 계급의 투쟁, 한마디로 자유주의 운동이 본격화되었다.

이렇게 해서 '참된' 사회주의는 그렇게 바라던 기회, 정치적 운동에 사회주의적 요구를 대립시킬 기회가 주어졌다. 자유주의와 대의제 국가, 부르주아적 경쟁, 부르주아적 출판의 자유, 부르주아적 법률, 부르주아적 자유와 평등

절대주의를 위한 허수아비

그런데, 드디어 독일에서도 본격적으로 부르주아 계급이 독일의 봉건귀족들에 맞서 투쟁에 나섰습니다. 봉건사회에서 자본주의사회로 이행하기 위한 움직임들이 나타나기 시작한 것이지요. 드디어 독일의 '참된 사회주의'가 구체적인 현실과 만나 그동안 왜곡되고 거세되었던 진정한 의미를 되찾을 가능성이 생겼습니다. 그런데 여기서도 독일의 '참된 사회주의'는 번지수를 잘못 짚습니다.

프랑스의 사회주의와 공산주의 문헌들은 이미 프랑스에서 상당한 정도로 자본주의화가 진행되고 그 결과 자본주의의 모순이 확대되고 심화되는 사회 분위기 속에서 의미를 갖습니다. 그런데 독일은 이제 막 봉건귀족과 부르주아 계급 간의 갈등이 격화되며 자본주의로의 이행이 시작된 상황입니다. 때문에 독일에서는 사회가 봉건성을 탈각하고 오히려 더 자본주의적 요소들로 채워져야, 다시 말해 부르주아 계급이 봉건세력에게 승리해야 비로소 사회주의 및 공산주의 사상들이 실질적 의미를 갖게 됩니다.

하지만 독일의 '참된 사회주의'는 이 중요한 전제 조건을 망각했습니다. 사회가 봉건성으로부터 벗어나 자본주의 시대로 이행

에 대해 전통적인 저주를 퍼부을 기회, 이러한 부르주아 운동으로 얻을 것은 아무것도 없고 반대로 모든 것을 잃을 위험이 있다고 대중에게 설교할 수 있는 기회를 얻게 된 것이다. 프랑스의 비판을 아무 생각 없이 되풀이했던 독일 사회주의는 프랑스의 비판이 현대 부르주아사회와 이에 상응하는 물질적 생활 조건과 적당한 정치 구조, 즉 독일에서는 쟁취할 대상으로 이제 논의되기 시작한 바로 그 모든 전제조건들을 이미 전제로 하고 있었다는 사실을 때마침 잊고 있었다.

성직자, 학교 교원, 무지 몽매한 시골 귀족, 관료들을 하려는 역사 발전의 중요한 시기에, '참된 사회주의'는 부르주아 계급의 자유주의 운동을 막는 방해물로 활용됩니다. 적의 적은 친구라고나 할까요? 사회의 봉건성을 유지하려는 독일 절대주의 정부가 '참된 사회주의'를 자신들의 입맛에 맞게 이용했습니다. 독일 절대주의 정부는 독일 노동자들의 봉기를 가혹하게 진압하면서 그 책임을 부르주아 계급에게 떠넘길 때마다 '참된 사회주의'를 적극 끌어들였습니다. 이를 통해 봉건세력을 무너뜨리려는 부르주아 계급의 자유주의 운동에 타격을 가했지요. 잘못 해석된 컴퓨터 설명서가 도리어 컴퓨터의 도입을 막은 꼴입니다.

거느린 독일의 절대주의 정부에게는 독일 사회주의가 위협적으로 부상하고 있는 부르주아 계급을 막아줄 바람직한 허수아비 노릇을 했다.

독일 사회주의는 절대주의 정부가 독일 노동자의 봉기를 진압할 때 사용한 채찍과 총알을 보완하는 달콤한 사탕이었다.

자본주의사회에서 공권력은 민중의 투쟁을 가혹하게 탄압하는 수단으로 전락하곤 한다. 1848년 베를린 봉기를 묘사한 그림.

이처럼 '참된' 사회주의는 독일 부르주아 계급에 맞서는 정부의 손에 들린 무기가 되었을 뿐만 아니라, 반동적 이익, 즉 독일의 속물 부르주아들의 이익을 직접 대변하기도 했다. 독일에서는 16세기부터 이어져 내려왔고 다양한 형태로 여기에서 늘 새롭게 다시 등장하는 소시민층이 현존 질서를 유지하는 진정한 사회적 기반을 이루고 있다.

소시민층을 유지하는 것이 독일의 현존 질서를 유지하는 것이다. 소시민층은 부르주아 계급의 산업적 정치적 지배에 의한, 한편으로는 자본의 집중의 결과로, 다른 한편으로는 혁명적 프롤레타리아 계급의 성장으로 인한 자신들의 확실

더러운 허풍쟁이

독일에서는 절대주의 정부뿐만 아니라 중세의 시공간에서 형성된 소시민(프티부르주아)들 역시 자본주의로의 변화를 거부하며 현상 유지를 원하는 세력이었습니다. 소시민층은 부르주아 계급의 힘이 커지면 자신의 먹고사는 영역이 침해될 것이라는 두려움을 갖고 있었습니다. 그렇다고 부르주아 계급에 대항하는 프롤레타리아 계급의 성장도 반기지 않았습니다. 프롤레타리아 계급이 성장해서 사회가 불안정해지고 혁명이 일어나면 그 불똥으로 인해 자신들도 몰락할 것을 우려했기 때문입니다. 이들에게 '참된 사회주의'는 부르주아 계급과 프롤레타리아 계급을 동시에 잡을 수 있는 일석이조의 도구였습니다.

왜 이렇게 낡은 봉건세력들이 '참된 사회주의'에 대해 환호했을까요? 앞서 언급했듯이 독일의 '참된 사회주의'는 프랑스 사회주의 및 공산주의 문헌에 있는 '프롤레타리아 계급'을 '인간 일반'으로 대체했습니다. '부르주아와 프롤레타리아 계급의 대립'이라는 핵심적 내용이 거세된 것입니다. 프롤레타리아 계급이 인간 일반으로 바뀌는 순간 사회변혁을 위한 프롤레타리아 계급의 투쟁은 바람직하지 않은 행위가 됩니다. '인류애'와 '이성'의 힘으로 통합되어야 할 '인간 일반' 사이에 투쟁과 갈등을 일으켜

한 몰락을 두려워한다. '참된' 사회주의는 이들에게 두 마리 새를 동시에 잡을 수 있는 하나의 돌로 보였다. '참된' 사회주의는 전염병처럼 퍼져 나갔다.

사변의 거미줄로 짜고, 아름다운 언어의 꽃으로 수를 놓고, 에로틱하고 감상적인 눈물에 적신 의상, 독일 사회주의자들이 자신들의 한두 가지 뼈만 남은 '영원한 진리'를 감싼 이 의상은 관중들 사이에서 그들의 상품 매상을 올려주었을 뿐이다.

독일 사회주의자들, 그들은 그들대로 소시민층의 허풍쟁이 대변인이라는 자신의 사명을 깨닫게 되었다.

서야 되겠습니까?

'참된 사회주의'는 독일 국민을 '표준 국민'으로, 독일의 소시민층을 '표준 인간'으로 설정합니다. 소자본을 소유한 이들(표준 인간)이 모여서 독일의 국민(표준 국민)을 이루는 사회, 그것이 독일의 '참된 사회주의'가 추구하는 사회상이었지요. 그야말로 소시민층의 취향을 저격하는 이야기 아닌가요? 부르주아 계급도 없고 프롤레타리아 계급도 없고 소시민만 존재하는 나라라니! '참된 사회주의'의 입장에서 보기에 프롤레타리아 계급의 해방을 위해 투쟁에 나서는 공산주의자들은 '인류애'와 '이성'의 힘으로 이룰 독일 통합을 훼방하는 자들에 불과했습니다. 바로 이런 비非당파성과 몰沒계급성이, '참된 사회주의'가 부르주아 계급과 프롤레타리아 계급을 동시에 저격하는 일석이조의 효과를 갖게 된 요인입니다.

결국 '참된 사회주의'는 컴퓨터 없는 설명서라는 허접하고 앙상한 자신의 모습을 독일 관념론 철학의 온갖 현학적 용어로 가린 채, 독일 소시민층의 허풍쟁이 대변인으로서 역사의 수레바퀴가 움직이지 못하도록 부여잡고 안간힘을 쓰는 한 편의 희극을 연출한 것입니다.

사실 소시민층(중간층)의 취향을 저격하는 이러한 사상적 조류는 현대 자본주의사회에서도 여전히 그 생명력을 유지하고 있습

독일 사회주의는 독일 국민을 표준 국민으로, 독일의 속물을 표준 인간이라고 선언했다. 독일 사회주의는 이들의 비열한 행위 하나하나에 심오하고 고상한 사회주의적 의미를 부여함으로써, 비열함이 정반대의 의미를 갖게 되고 말았다. 마침내 독일 사회주의자들은 '난폭하고 파괴적인' 공산주의 노선을 직접적으로 반대하고, 모든 계급투쟁을 초월한 자신의 비당파적인 숭고함을 선언함으로써 최후의 결론을 끌어내기에 이르렀다. 현재 독일에서 나돌고 있는 이른바 사회주의와 공산주의 문헌들은, 극히 소수를 제외하고는, 모두 이 더럽고 신경 거슬리는 문헌에 속한다.

니다. 재벌이나 대기업의 행태에 비판적인 목소리를 내며 짐짓 진보적인 스탠스를 취하는 것으로 보이지만, 노동자 계급의 정당한 투쟁에도 불편한 기색을 보이며 사회 분열 세력이라고 비판을 가하는, 이른바 '양비론'적 목소리가 여전하다는 것을 우리는 많이 경험해보아 잘 알고 있지요.

(2) 보수적 사회주의 또는 부르주아 사회주의

일부 부르주아 계급은 부르주아사회의 질서를 유지하기 위해 사회적 폐단을 시정하고자 한다.

경제학자, 박애주의자, 인도주의자, 노동 계급의 처지를 개선하려는 자, 자선사업가, 동물 학대 반대론자, 금주 협회 설립자, 온갖 미미한 개량주의자들이 모두 여기에 속한다. 그리고 이러한 부르주아사회주의 또한 완전한 체계를 갖추기도 한다.

그 예로 우리는 프루동의 《빈곤의 철학》을 들 수 있다.

개량주의자

부르주아 계급의 구성원 중에는 자본주의사회에서 벌어지는 부조리와 모순, 갈등을 목도하며 이런 문제들을 완화시키기 위해 노력하는 개혁(개량)주의자들도 존재합니다. 하지만 이들의 목적은 사회를 바꾸는 것이 아니라, 질서를 유지하는 것입니다. 마르크스와 엥겔스는 이를 보수적 사회주의 또는 부르주아 사회주의라고 부릅니다. 그리고 그 사상의 체계를 세운 사람으로 《빈곤의 철학》을 저술한 프루동Proudhon을 꼽습니다. 마르크스는 프루동의 《빈곤의 철학》을 노골적으로 조롱하는 《철학의 빈곤*Misère de la philosophie*》이라는 저작을 집필하기도 했지요.

마르크스와 엥겔스가 보기에, 부르주아 사회주의자들의 오류는 모든 문제를 자본주의 시스템 안에서만 해결하려고 한다는 데에 있습니다. 이들은 자본주의적 삶의 방식은 바라면서도 그것이 필연적으로 프롤레타리아 계급의 처참한 상황을 낳는다는 사실은 애써 외면합니다. 이들은 프롤레타리아 계급이 없는 부르주아 계급을 바랍니다. 모두가 부르주아 계급이 되려면 어떻게 해야 할까요? 모두가 소시민(프티부르주아)이 되면 가능하겠지요? 모든 프롤레타리아가 소상공인으로 전환해 협동조합 같은 네트워크를 구성해 협력하며 일체의 중앙 집중 권력을 배제하는

사회주의적 부르주아들은 현대사회의 생활 조건은 바라지만, 여기에서 파생될 수밖에 없는 투쟁과 위험은 바라지 않는다. 그들은 기존 사회를 바라지만, 그것을 변혁하고 해체하는 요소들은 바라지 않는다. 그들은 프롤레타리아 계급이 없는 부르주아 계급을 바란다. 그들은 자신이 지배하는 세계를 물론 가장 좋은 세계라고 상상한다. 부르주아사회주의는 이렇게 위로를 주는 상상을 반쯤 갖추어진 체계 또는 완전히 갖추어진 체계로 완성해나간다. 부르주아사회주의는 프롤레타리아 계급에게 이 체계를 완성하고 새로운 예루살렘에 들어갈 것을 요청하고 있지만, 그것은 근본적으로 평등한 사회같은 것 말입니다. 프루동은 무정부주의적 성향이 강했고 협동조합, 상호부조 은행 등을 도모했습니다. 하지만 앞서 몇 차례 지적한 것처럼, 기계제 대공업이 발전해 대규모 생산시설이 즐비하게 들어선 현대 자본주의사회의 현실에서, 모두가 소상공인이 되어 경제활동을 하자는 프루동 등의 주장이 얼마나 비현실적인지는 구구절절 반론을 펼칠 필요조차 없을 것입니다.

게다가 부르주아 사회주의자들은 프롤레타리아 계급에게 분노 따위는 벗어던지고 자본주의사회라는 파라다이스에서 함께 부르주아 계급이 되어 행복을 누리자고 속삭입니다. 이들은 그런 맥락에서 노동조합이나 프롤레타리아의 정치투쟁을 반대합니다.

결국 부르주아 사회주의자들은 자기가 보고 싶은 것만 보는 자본주의 에고이스트일 뿐입니다. 그들은 부르주아 계급만 있고 프롤레타리아 계급은 없는 전혀 현실성 없는 자본주의사회를 원하는 것이지요.

원숭이도 이해하는

공산당 선언

지금의 사회에 머물러 있으면서 지금의 사회에 대한 증오심은 벗어던지라고 요구하는 것이다.

MISÈRE

LA PHILOSOPHIE.

RÉPONSE A

LA PHILOSOPHIE DE LA MISÈRE

Par Karl Marx.

PARIS. A. FRANK.

BRUXELLES. C. G. VOGLER.

1847

Das Kapital.

Kritik der politischen Oekonomie.

Karl Marx.

Erster Band.

Hamburg

Verlag von Otto Meissner.

1867.

Herrn Eugen Dühring's

Umwälzung der Wissenschaft

Von

Friedrich Engels

Dritte, durchgesehene und vermehrte Auflage

Stuttgart

Verlag von J. H. W. Dietz

1894

마르크스와 엥겔스는 당대 이론, 인물에 대한 직접적인 비판을 통해 자신의 견해를 드러내곤 했다. 《철학의 빈곤: 프루동의 '빈곤의 철학'에 대한 응답》, 《자본론: 정치경제학 비판》, 《오이겐 뒤링 씨의 과학 혁명에 대하여(반 뒤링론)》 당시 표지.

이런 사회주의 가운데, 덜 체계적이기는 하지만 더 현실적인 두 번째 유형은 이러저러한 정치적 변화가 아니라 오직 물질적 생활 조건이나 경제적 관계의 변화만이 노동자 계급에게 유익하다는 증거를 댐으로써 노동자 계급으로 하여금 모든 혁명운동에 염증을 느끼도록 만들려고 애썼다. 그러나 이 사회주의가 말하는 물질적 생활 조건의 변화란, 오직 혁명적인 길 위에서만 가능한 부르주아적 생산관계의 폐지가 아니라, 이 생산관계의 토대 위에서 실현되는, 따라서 자본과 임금 노동의 관계에는 아무 변화도 주지 않고, 고작해야 부르주아 계급의 지배에 드는 비용을 줄여주고 국

부르주아는 부르주아

한편 다른 부류의 부르주아 사회주의자들은, 노동자 계급에 대한 경제적 처우를 개선하면 문제가 해결될 것이니 굳이 노동자들이 정치에 관심을 갖고 사회변혁 운동에 나설 필요가 없다고 주장합니다. 먹고살 수 있게 해줄 테니 정치에는 신경 끊으라는 말이지요. 마르크스와 엥겔스는 이런 방식의 접근이 결국 부르주아 계급의 지배를 안정화시키는 데에 기여할 뿐이며, 프롤레타리아 계급에 대한 착취라는 현실을 바꾸는 데에는 아무런 기여도 하지 못한다고 평가합니다. 노예가 조금 더 잘 먹고 잘 입는다 하더라도, 노예는 결국 노예일 뿐이라는 이야기입니다. 물론 노예가 먹고살 만해서 주인에게 대들지 않으니, 노예 주인의 입장에서는 관리 감독 비용을 절약할 수 있겠지만요.

마르크스와 엥겔스는 부르주아 사회주의의 이러한 기만성이 대중을 상대로 뭔가를 호소할 때 가장 잘 나타난다고 조롱합니다. 그들은 자신의 모든 주장 뒤에다가 습관적으로 '서민(노동 계급)을 위해'라는 구호를 붙입니다. 선거 시기만 되면 부르주아 정치인들이 온갖 공약과 구호를 내세우며 항상 하는 얘기가 '서민을 위해' 아닌가요? 자유무역과 보호관세처럼 서로 완전히 상반되는 정책을 주장할 때조차 그 명분은 무조건 '서민을 위해'입니

가 살림을 간소하게 해주는 행정적 개선을 뜻한다.

부르주아 사회주의는 웅변적인 모습을 띨 때 비로소 그에 어울리는 표현을 찾게 된다.

자유 무역, 노동 계급의 이익을 위해! 보호 관세, 노동 계급의 이익을 위해! 독방 감옥, 노동 계급의 이익을 위해! 이것이 부르주아 사회주의의 마지막 말, 본심에서 우러나오는 유일한 말이다.

부르주아 계급의 사회주의란 한마디로 이런 주장이다. 부르주아는 부르주아다, 노동 계급의 이익을 위해.

다. 마르크스는 독방 감옥을 마련해놓은 것도 노동자 계급의 이익을 위해서냐고 독설을 퍼붓습니다. 부르주아는 자신이 부르주아인 것도 '노동자 계급을 위해서'라고 할 판입니다. 어려운 사람 도와주려고 부자 됐다는 '초딩 같은 이야기'와 다를 게 하나도 없지요. 결국 부르주아 사회주의는 자신이 철저한 에고이스트egoist 이자 나르시시스트narcissist라는 것을 숨기기 위한 일종의 가면일 뿐입니다.

(3) 비판적-공상적 사회주의와 공산주의

우리는 모든 위대한 현대 혁명에서 프롤레타리아 계급의 요구를 표현한 문헌(바뵈프의 저작 등)에 대해 여기에서 이야기하려는 것은 아니다.

전반적인 소요의 시기, 봉건사회의 몰락 시기에, 자신들의 계급 이익을 직접 실현하려 한 프롤레타리아 계급의 초기 시도들은 필연적으로 실패할 수밖에 없었다. 프롤레타리아 계급 자체가 아직 발전되지 않은 상태인 데다가, 부르주아 시대가 되어서야 비로소 나타나는 프롤레타리아 해방의

프롤레타리아의 초기 시도

봉건사회가 몰락해가는 부르주아 혁명의 시기, 그러니까 이제 막 부르주아 계급이 등장하고 프롤레타리아 계급이 형성되는 시기의 사회주의와 공산주의 사상은 조잡하고 유치했습니다. 그럴 수밖에 없는 것이, 이제 막 탄생한 프롤레타리아 계급의 상태는 인간의 성장 과정에 비유하자면 영유아 단계에 해당합니다. '영유아'의 모습만을 보며 프롤레타리아 계급의 면모를 파악하고 정리한 이론은 당연히 조잡하고 유치할 수밖에 없었습니다. 당시 노동자들은 제대로 교육받지 못해 교양 수준이 매우 낮았으며 거주 환경은 이루 말할 수 없이 불결했고 일터에서 장시간의 노동에 시달렸습니다. 열심히 일한다고 상황이 나아지지 않으니 정신적으로 무기력하고 나태해져 도덕적으로 타락하고 방탕한 생활에 빠지기도 했습니다.

초기의 사회주의 공산주의 혁명가들은 프롤레타리아 계급의 이러한 참상을 목도하며 분노하였고 혁명의 필요성을 강하게 느꼈지만, 다른 한편으로는 프롤레타리아 계급이 성장해서 스스로의 이익을 옹호하는 정당까지 건설하리라고는 도저히 생각할 수 없었습니다. 그저 버둥거리기만 하는 영유아의 모습에서 장성해 두 발로 뚜벅뚜벅 걷는 성인의 모습을 도저히 유추할 수 없었던

원숭이도 이해하는

물질적 조건들이 부족했기 때문이다. 프롤레타리아 계급의 초기 운동과 함께 나타난 혁명적 문헌은 내용이 반동적일 수밖에 없다. 그것은 보편적인 금욕주의와 조잡한 평준화에 대해 가르친다.

공산당 선언

것이지요. 때문에 프롤레타리아 계급은 그저 사회주의 공산주의 혁명가들에게 지도받고 훈육되어야 할 대상으로 전락합니다.

초기 혁명가들은 당장 눈앞에 보이는 프롤레타리아 계급의 참혹한 생활을 개선하기 위해 도덕과 금욕주의를 강조했습니다. 엄청난 빈부 격차에 분노하여 '사유재산 폐지'나 '노동의 의무' 등을 이야기하고 평등한 세상을 부르짖지만, 앞서 언급한 한계 때문에 선언적 구호 이상의 논리와 체계를 갖추지는 못했습니다. "우리는 모든 위대한 현대 혁명에서 프롤레타리아 계급의 요구를 표현한 문헌(바뵈프의 저작 등)에 대해 여기에서 이야기하려는 것은 아니다"라는 문구는 바로 이런 맥락에서 나온 것입니다. 최초의 사회주의자이자 공산주의자로 평가받는 바뵈프를 콕 집어 언급하며, 마르크스와 엥겔스는 이런 종류의 초기 사회주의와 공산주의는 자신들이 논할 대상이 아니라고 잘라 말합니다. 자신들의 글에서 따로 언급할 수준에 미치지 못했다는 의미지요.

원래의 사회주의와 공산주의 체제, 즉 생시몽, 푸리에, 오언 등의 체제는 우리가 앞에서 말한 시기, 즉 프롤레타리아 계급과 부르주아 계급 사이의 투쟁이 충분히 발전하지 못했던 초기에 등장한다. ('부르주아와 프롤레타리아'를 보라.)

이러한 체제의 창시자들도 계급 대립과, 지배 사회 자체 안에서 그 사회를 해체하는 요소들의 작용에 대해 알고 있었다. 그러나 그들은 프롤레타리아 계급에게서 아무런 역사적 자발성도, 그들 나름의 고유한 정치 운동도 발견하지 못한다.

공상적 사회주의자

마르크스와 엥겔스의 평가 대상은 생시몽, 푸리에, 오언 등의 '공상적 사회주의자'들입니다. 앞서 언급한 바뵈프 등이 선언적 구호 제시에 머물렀다면, 공상적 사회주의자들은 계급 대립 문제나 자본주의사회 내부에서 그 사회를 해체하는 요소들이 발전하고 작용한다는 것 등을 어느 정도 알고 있었습니다. 하지만 이들 역시 시대적 한계로 인해 자본주의사회의 성숙과 프롤레타리아 계급의 역량의 성장을 제대로 관찰하고 분석할 기회를 얻지 못했습니다. 때문에 생시몽, 푸리에, 오언 등은 그 빈 부분을 자신들의 '상상력'으로 채워 넣을 수밖에 없었습니다. 때문에 프롤레타리아 해방의 '역사적' 조건 대신에 그들의 머릿속에서 나온 '공상적' 조건이 등장하고, 프롤레타리아 계급의 성장으로 조직된 노동조합이나 정치조직 대신에 그들의 상상력으로 빚어낸 사회조직이 들어설 수밖에 없었지요.

'공상적 사회주의자'들에게 있어 앞으로 펼쳐질 역사란, 단지 자신들의 상상력이 빚어낸 계획을 선전하고 실천하는 시공간이라는 의미를 가질 뿐이었습니다.

계급 대립의 발전은 산업 발전과 보조를 맞춰 이루어지기 때문에, 그들은 프롤레타리아 해방을 위한 물질적 조건들을 발견하지 못하며, 이러한 조건들을 만들기 위해 사회과학과 사회법칙을 찾으려고 노력한다.

사회적 활동 대신 그들이 개인적으로 창안한 활동이 나타날 수밖에 없고, 해방의 역사적 조건들 대신 공상적인 조건들이, 그리고 계급으로 발전해가는 프롤레타리아 조직 대신 그들이 고안해낸 사회조직이 들어설 수밖에 없다. 그들로서는 다가오는 세계 역사가 자신들의 사회적 계획을 선전하고 실천적으로 수행하는 것이 되어버린다.

로버트 오언의 공상적 사회주의 이상향 '뉴 하모니New Harmony'를 묘사한 그림. 오언은 미국 인디애나 주의 땅을 사서 현실에서 이를 구현하려고 했지만 실패했다.

그들은 계획 속에서는 가장 고통 받는 계급인 노동자 계급의 이익을 주로 대변한다는 점을 의식하고 있었다. 그들에게 프롤레타리아 계급은 가장 고통받는 계급이라는 이러한 관점에서만 존재할 뿐이다.

그러나 그들은 계급투쟁의 미발전된 형태와 자신의 생활처지 때문에 자신들이 계급 대립을 초월해 있다고 믿는다. 그들은 모든 사회 구성원의 생활 처지를, 심지어는 가장 좋은 조건에 있는 구성원들의 처지까지도 개선하고 싶어 한다. 따라서 그들은 무차별적으로 사회 전체에 대고, 그 중에서도 주로 지배계급에 대고 끊임없이 호소한다. 사람들이

물론 이들은 고통 받는 노동자 계급의 이익을 대변한다는 명백한 의식을 갖고 있었습니다. 하지만 문제는 바로 거기에서 그들의 인식이 멈춘다는 데에 있습니다. 노동조합을 조직하고 자신들의 이익을 대변하는 정당을 조직하는 능동적인 노동자 계급의 모습을 경험하지 못한 이들의 입장에서는, 노동자 계급이란 그저 누군가의 도움과 지도가 필요한 수동적인 존재에 그칩니다. 게다가 생시몽, 푸리에, 오언은 각각 귀족, 자산가, 자수성가형 사업가였지요. 프롤레타리아 계급과는 거리가 먼 사람들이었습니다. 프롤레타리아 계급을 수동적인 존재로 가정한다면 능력이 되는 사람들(자산가)이 도와서 이들의 처지를 개선해줘야 한다는 결론은 필연입니다.

결국 '공상적 사회주의'에서는 부르주아 계급과 프롤레타리아 계급의 대립이라는 자본주의사회의 핵심 모순은 홀연히 자취를 감춥니다. 바로 그런 이유 때문에 공상적 사회주의자들은 프롤레타리아 계급의 정치 운동과 사회변혁 운동에 부정적인 태도를 취합니다. 이들은 자신의 상상력에서 나온 프롤레타리아 구제 계획을 재정적으로 후원해달라고 부르주아 계급에게 호소할 뿐입니다. 물론 대부분의 부르주아들은 이윤 창출에 도움이 되지

자신들의 체제를 이해만 한다면, 가능성 있는 최선의 사회를 위한 가능성 있는 최선의 계획으로 인정받을 수 있다는 것이다.

그래서 그들은 모든 정치 활동, 특히 모든 혁명적 활동을 비난한다. 그들은 평화적인 방법으로 자기 목적을 이루고자 하며 당연히 실패할 수밖에 없는 작은 실험들을 통해, 즉 실례를 보임으로써 새로운 사회 복음의 길을 개척하려고 한다.

않는 이러한 계획에 부정적이며, (뒤에 간단히 언급되는) 이들의 작은 실험은 결국 실패를 면치 못합니다.

미래 사회에 대한 이러한 공상적인 묘사는 프롤레타리아 계급이 매우 미숙한 상태에 있던 시기, 따라서 자신의 위치를 공상적으로 파악하고 있던 시기에, 사회의 전반적 변혁에 대한 프롤레타리아 계급의 예감으로 가득 찬 최초의 열망에서 생겨났다.

그러나 이러한 사회주의와 공산주의 문헌에는 비판적 요소도 들어 있다. 이 저서들은 기존 사회의 모든 토대를 공격한다. 그래서 이 저서들은 노동자들을 계몽하기 위한 매우 귀중한 자료를 제공했다. 미래 사회에 관한 이들의 확실한 명제들, 예컨대 도시와 농촌 사이의 대립, 가족, 사적

불확실한 예감

자본주의 초기의 '공상적 사회주의'는 그 '공상적' 특성으로 인한 한계를 보여줬지만, 그럼에도 불구하고 선구자적이고 긍정적인 의미 또한 있었습니다. 자본주의의 모순에 대한 나름의 분석을 토대로 계급 대립이 소멸되고 착취가 없어진 공동체를 지향했지요. 하지만 역사의 수레바퀴가 전진함에 따라, 그리고 프롤레타리아 계급이 실질적인 힘을 가진 세력으로 등장함에 따라 '공상적 사회주의'의 의미는 퇴색합니다. 사회 전체가 부르주아와 프롤레타리아의 두 계급으로 나뉘어 선명하게 대립하는 자본주의의 모습을 제대로 인식하지 못한 채, 상상력에만 의존하여 주장하는 사회주의에는 필연적으로 한계가 많을 수밖에 없지요.

영리, 임금 노동의 폐지, 사회적 조화에 대한 선언, 단순한 생산관리 기구로의 국가의 전환, 이 모든 명제들은 계급 대립의 소멸에 대해 표현하고 있을 뿐이다. 그러나 계급 대립은 그때서야 막 발전을 시작했으며 따라서 이 저서들은 아직 형태를 갖추지 못한 계급 대립의 불확실한 초기 형태만을 알고 있다. 그러므로 이 명제들 자체는 아직 순전히 공상적인 의미를 지닐 뿐이다.

마르크스, 엥겔스 주요 저작 20선(시간 순서)

1. 《헤겔 법철학 비판을 위하여》 / 카를 마르크스 / 1843년
2. 《경제학 철학 초고》 / 카를 마르크스 / 1844년
3. 《신성 가족》 / 카를 마르크스, 프리드리히 엥겔스 / 1845년
4. 《영국 노동 계급의 상황》 / 프리드리히 엥겔스 / 1845년
5. 《독일 이데올로기》 / 카를 마르크스, 프리드리히 엥겔스 / 1845년
6. 《철학의 빈곤》 / 카를 마르크스 / 1847년
7. 《공산당 선언》 / 카를 마르크스, 프리드리히 엥겔스 / 1848년
8. 《임금 노동과 자본》 / 카를 마르크스 / 1849년
9. 《프랑스에서의 계급투쟁》 / 카를 마르크스 / 1850년
10. 《루이 보나파르트의 브뤼메르 18일》 / 카를 마르크스 / 1852년
11. 《정치경제학 비판을 위하여》 / 카를 마르크스 / 1859년
12. 《자본론 1》 / 카를 마르크스 / 1867년
13. 《프랑스에서의 내전》 / 카를 마르크스 / 1871년
14. 《고타 강령 초안 비판》 / 카를 마르크스 / 1875년
15. 《오이겐 뒤링 씨의 과학 변혁》 / 프리드리히 엥겔스 / 1878년
16. 《자연변증법》 / 프리드리히 엥겔스 / 1883년
17. 《가족, 사적 소유 및 국가의 기원》 / 프리드리히 엥겔스 / 1884년
18. 《자본론 2》 / 카를 마르크스(프리드리히 엥겔스 편집) / 1884년
19. 《루트비히 포이어바흐와 독일 고전철학의 종말》 / 프리드리히 엥겔스 / 1886년
20. 《자본론 3》 / 카를 마르크스(프리드리히 엥겔스 편집) / 1894년

- 《칼 맑스 프리드리히 엥겔스 저작 선집 1~6》(최인호 옮김, 김세균 감수, 박종철출판사, 1997),
《맑스주의 역사 강의》(한형식 지음, 그린비, 2010) 참조

비판적-공상적 사회주의와 공산주의의 의의는 역사 발전과 반비례 관계에 있다. 계급투쟁이 발전하고 형태를 갖추는 정도에 따라, 계급투쟁을 뛰어넘으려는 공상적 태도, 즉 계급투쟁에 대한 공상적인 극복, 계급투쟁에 대한 정복은 모든 실천적 가치, 모든 이론적 정당성을 잃어버린다. 따라서 이 체제의 창시자들은 많은 점에서 혁명적이었으나 그 제자들은 매번 반동적 종파를 형성한다. 그들은 프롤레타리아 계급이 역사적인 발전을 거듭하는데도 자기 스승들의 낡은 견해를 고수한다. 그래서 그들은 시종일관 계급투쟁을 무마하고 대립을 중재하려고 애쓴다. 그들은 여전히

낡은 견해에 대한 맹신

공상적 사회주의의 창시자들은 그들이 활동하던 시대에 많은 부분 혁명적 역할을 했지만, 그들의 제자들은 시대의 변화에 발맞춰 몰라보게 성장한 프롤레타리아 계급의 역량을 간과했습니다. 때문에 그저 스승들의 낡은 견해만을 고집하며 사회변혁의 불씨가 될 계급투쟁을 무마하고 중재하려는 반동적 입장에 섰지요. 흔히 '교조주의'(현실을 무시하면서 특정 이데올로기를 절대적으로 받아들이는 태도)의 폐해라고 부르는 현상이 나타났다고 할 수 있습니다.

공상적 사회주의자들은 여전히 자신들만의 유토피아를 건설하기 위한 계획들, 예컨대 팔랑스테르(푸리에), 홈-콜로니(오언), 이카리아(카베)를 위해 부르주아 계급에게 재정 지원을 요청했습니다. 그 중 몇몇은 실제로 자신들만의 공동체를 현실에서 건설하기도 했습니다. 하지만 특정 자산가의 재정 지원에 의존하며 사회로부터 고립된 외딴 섬으로서의 사회주의 공동체는 필연적으로 그 수명이 짧을 수밖에 없었습니다. 이런 실천적 한계와 오류 속에서 그들은 어느새 앞서 언급했던 반동적, 보수적 사회주의자들과 같이 사회의 발전과 역사의 진보에 발목을 잡는 세력으로 전락합니다.

자신들의 사회적 유토피아의 실현을 실험하며, 개별적인 팔랑스테르 창립, 홈-콜로니 설립, 작은 이카리아—새로운 예루살렘의 축소판—건설을 꿈꾼다. 그리고 이 모든 공중누각을 쌓으려면 부르주아의 마음과 돈주머니에서 나오는 박애주의에 호소하지 않을 수 없다. 그들은 차츰 앞서 말한 반동적이거나 보수적인 사회주의자들의 범주로 떨어진다. 차이가 있다면 단지 그들이 더 체계적으로 현학적이며 자신들의 사회과학의 기적적 힘에 대해 열광적으로 맹신하고 있다는 점뿐이다.

이리하여 그들은 노동자의 모든 정치 운동에 격분하며 반대

게다가 '공상적 사회주의'의 제자들은 여타 조류에 비해 조금 더 체계적인 이론을 갖고 있었고 자신의 사상에 대한 '신앙심'이 투철했습니다. 때문에 여전히 자신들의 교리에 얽매여 프롤레타리아 계급의 정치 참여와 운동에 더욱 격하게 반대했습니다. 노동 계급에게 왜 자신들의 사회주의 공동체 건설에 참여하지 않느냐는 짜증 섞인 신경질을 내면서 말입니다.

한다. 노동자의 정치 운동은 오직 새로운 복음에 대한 맹목적 불신에서만 발생할 수 있다는 것이다.

영국의 오언주의자들은 차티스트에 반대하고, 프랑스의 푸리에주의자들은 개혁주의자에 반대한다.

1848년 런던 케닝턴에서 열린 차티스트 집회를 찍은 사진. '차티스트 운동Chartist Movement'은 1830~1840년대를 대표하는 프롤레타리아 계급의 정치 투쟁이자 역사상 최초의 '전국적 범위'의 노동 운동이었다. 인민 헌장을 실현하는 것을 목표로 성인 남자 보통선거권, 무기명 투표, 의원 급여 지급, 의회 개선, 선거구 평등, 의원 재산 자격 폐지를 요구했다. 처음으로 프롤레타리아 계급이 정치의 주체로 직접 나섰다는 점에서 의의가 크다.

IV. 여러 반대 정당에 대한 공산주의자들의 입장

세계 각국의 반정부 투쟁들에 대한
〈공산주의자 동맹〉의 입장을 밝힘.

“만국의 프롤레타리아여,
단결하라!”

- 당면 목표와 운동의 미래
- 소유 문제가 운동의 근본 문제
- 잃을 것은 쇠사슬, 얻을 것은 세계

Ⅳ. 여러 반대 정당들에 대한 공산주의자들의 입장

제2절에서 살펴본 대로, 이미 결성된 노동자 정당들에 대한 공산주의자들의 관계, 다시 말해 영국의 차티스트들과 미국의 농업 개혁론자들에 대한 공산주의자들의 입장은 자명하다.

공산주의자들은 노동자 계급의 당면 목표와 이익을 위해 투쟁하지만, 동시에 현재 운동 속에서 운동의 미래를 대변하기도 한다. 프랑스에서는 공산주의자들이 보수 및 급진 부르주아 계급에 맞서 사회주의-민주주의 정당과 손을 잡

당면 목표와 운동의 미래

드디어 선언문의 마지막 부분에 당도했습니다. 앞선 내용이 공산주의에 대한 역사적, 이론적 고찰에 중점을 두었다면, 여기에서는 (선언문의 마지막답게) 당시 유럽의 정치적 상황에 대응해 공산주의자들이 취해야 할 입장과 실천 방식을 논하고 있습니다.

공산주의자들은 노동자 계급의 당면 목표와 이익을 위해 투쟁하지만 동시에 운동의 미래를 전망하고 고민하면서 자신들의 실천 방향을 설정한다고 본문에서 언급하고 있습니다. 마르크스와 엥겔스는 왜 이런 이야기를 재차 강조할까요? 그 이유는 곧바로 이어지는 각 나라들의 사례를 통해 파악할 수 있습니다. 당시 프랑스에서는 공산주의자들이 사회주의-민주주의 정당과 손을 잡고 보수 및 급진 부르주아 계급과 맞섰습니다. 프랑스는 여타 유럽 국가에 비해 자본주의가 발전했으며 그에 따라 상대적으로 프롤레타리아 계급이 성장한 상황이었습니다. 때문에 공산주의자들은 여타 사회주의 성향의 정치세력과 힘을 합쳐 부르주아 계급에 대항하는 전술을 채택한 것이지요. 그러면서도 여타 사회주의 정치 단체들의 한계와 오류에 대해 비판적 태도를 취하는 것을 유보하지 않았습니다.

지만, 혁명적 전통에서 유래한 관용구와 환상에 대해 비판적 태도를 취할 권리까지 포기하지는 않는다.

스위스의 공산주의자들은 급진 정당을 지지한다. 그러나 그들은 이 정당이 서로 모순되는 요소들, 즉 일부는 프랑스적 의미의 민주주의적 사회주의자들로, 일부는 급진적 부르주아들로 이루어져 있다는 사실을 모르지 않는다. 폴란드의 공산주의자들은 토지 혁명을 민족 해방의 조건으로 내세우는 정당을 지지한다. 1846년 크라쿠프 봉기를 일으킨 바로 그 정당이다. 독일 공산당은 부르주아 계급이 혁명적으로 행동하자마자 그들과 손을 잡고 절대왕정과 봉건적 토지 소유 그리고 반동적 소시민층에 맞서 싸우고 있다.

한편 스위스의 공산주의자들은 급진 정당을 지지하는데, 이 정당의 내부 구성을 보면 민주주의적 사회주의자들뿐만 아니라 급진적 부르주아도 섞여 있습니다. 스위스는 프랑스와는 정치적 상황이 다르기 때문에, 일부 급진적 부르주아 세력까지도 연대의 대상으로 설정한 것이죠. 폴란드와 독일의 경우는 또 다릅니다. 여전히 봉건세력이 큰 힘을 쥐고 있는 폴란드나 독일에서는 공산주의자들이 부르주아 계급과 강하게 연대해 사회의 봉건세력에 맞서 투쟁하며 자본주의로 이행하는 데에 힘을 보탭니다.

공산주의자들이 만약 노동자 계급의 당면 이익에만 집중하는 세력이라면, 그저 부르주아 계급에 맞서 임금 인상이나 근로조건 개선 투쟁에만 집중하면 될 것입니다. 하지만 공산주의자들은 운동의 미래를 고민하는 사람들입니다. 프롤레타리아 계급의 해방과 권력 쟁취라는 궁극적 목표에 도움이 되며, 그 목적의 실현에 유리한 상황과 조건을 조성하기 위해서라면, 필요에 따라 유연성을 발휘해 부르주아 계급과도 잠정적으로 연대를 할 수 있다는 이야기입니다.

그러나 그들은 노동자들로부터 부르주아 계급과 프롤레타리아 계급 사이의 적대적 대립에 대해 될 수 있는 대로 명확한 의식을 끌어내는 일을 단 한 순간도 게을리 하지 않는다. 독일 노동자들이 부르주아의 계급 지배가 반드시 도입할 사회정치적 조건들을 곧바로 부르주아 계급에 대항하는 무기로 이용할 수 있도록 하기 위해서이며, 독일의 반동 계급들이 타도된 뒤에 부르주아 계급 자체에 대항하는 투쟁을 시작하기 위해서다.

공산주의자들은 독일에 관심을 집중하고 있다. 독일이 부르주아 혁명의 전야에 있기 때문이며, 유럽 문명 전체가

소유 문제가 운동의 근본 문제

하지만 부르주아 계급과의 연대는 일시적인 것일 뿐입니다. 공산주의자들은 자본주의가 발전함에 따라 부르주아 계급과 프롤레타리아 계급 사이에 적대적 대립 관계가 형성될 수밖에 없음을 알고 있습니다. 때문에 언제든지 현실적 조건이 성숙되면 부르주아 계급에 대한 투쟁에 나설 준비가 되어 있습니다.

글에서도 드러나듯이 마르크스와 엥겔스는 당시 독일의 혁명적 상황에 큰 기대를 품고 있었습니다. 실제 《공산당 선언》이 발표된 1848년에는 유럽 전역이 공화주의 혁명의 불길에 휩싸였으며 독일의 베를린에서도 투쟁이 일어났습니다. 공산주의자들은 기존의 낡은 사회에 반대하며 역사의 수레바퀴를 전진시키는 운동이라면 그 무엇이든 지지합니다. 앞서 언급했듯이 공산주의자들은 현실의 다양한 조건 속에서 상황에 맞는 유연한 전술을 채택합니다. 하지만 공산주의자들이 잊지 않는 것이 있다면, 결국 근본적인 문제는 '소유 문제'라는 점입니다. 부르주아적 사적 소유를 폐지하고 생산수단에 대한 사회적 소유를 기초로 하는 민주적이고 평등한 사회를 건설하는 것만이 자신들의 궁극적 목표라는 사실을 공산주의자들은 잊지 않습니다. 바로 이것이 여타 개혁주의자들과 공산주의자를 구분 짓는 기준입니다.

한층 발전한 조건에서 그리고 17세기의 영국이나 18세기의 프랑스보다 훨씬 더 발전한 프롤레타리아 계급과 함께 이 변혁을 완수할 것이기 때문이다. 다시 말해 독일의 부르주아 혁명은 프롤레타리아 혁명의 직접적인 서막이기 때문이다.

한마디로 공산주의자들은 어디서나 기존의 사회적 정치적 상황에 반대하는 모든 혁명운동을 지지한다.

모든 운동에서 그들은 어느 정도 발전된 형태를 취하고 있느냐에 관계없이 소유 문제를 운동의 근본 문제로 내세운다.

부연하자면 사회민주주의와 사회주의(혹은 공산주의)와의 차이도 바로 이 지점에서 발생합니다. 사회민주주의는 자본가 계급에게서 세금을 걷어 서민들을 위한 복지 재원으로 사용하는 정책을 추진합니다. 일종의 부의 재분배 정책이지요. 하지만 사회민주주의는 바로 그 지점이 최종 목표지입니다. 사회주의(혹은 공산주의)는 단순히 조세 정책을 통한 부의 재분배만이 아니라 궁극적으로는 생산수단에 대한 사회적 소유를 실현하는 방향으로 끊임없이 개혁(혁명)을 추동합니다. 이를 프롤레타리아 계급 스스로의 힘으로 실현하려는 것이지요. 즉, 사회민주주의와는 최종 목표가 다른 것입니다.

끝으로, 공산주의자들은 모든 나라의 민주적 정당과의 연대와 협력을 위해 어디서나 노력한다.

공산주의자들은 자신의 견해와 의도를 감추는 것을 경멸한다. 그들은 자신의 목적이 지금까지의 모든 사회질서를 폭력적으로 전복해야만 이루어질 수 있다는 것을 공개적으로 천명한다. 지배계급들을 공산주의 혁명 앞에서 벌벌 떨게 하라. 프롤레타리아가 공산주의 혁명으로 잃을 것이라고는 쇠사슬뿐이다. 그들에겐 얻어야 할 세계가 있다

만국의 프롤레타리아여, 단결하라!

잃을 것은 쇠사슬, 얻을 것은 세계

공산주의자들은 상황에 따라 (장래의 적이 될) 부르주아 계급과 연대와 협력을 할 수 있습니다. 물론 그것이 장기적으로 프롤레타리아 계급의 해방에 기여할 수 있다면 말이지요. 한편 마르크스와 엥겔스는 기존의 사회 질서를 '폭력적으로' 전복할 것을 천명합니다. 이런 내용을 접하면 극단적이라거나 과격하다는 느낌을 받을 것 같은데, 당시에는 일반 시민에게 투표권조차 주어지지 않았다는 것을 잊지 말아야 합니다. 지금은 성인이라면 누구나 선거에 참가해 자신이 지지하는 세력에게 한 표를 행사할 수 있습니다. 때문에 좌파 정당들이 선거를 통해 집권하는 경우도 드물지 않지요. 하지만 당시는 대규모의 대중 소요나 투쟁이 없으면 기득권층이 콧방귀도 뀌지 않는 시절이었습니다. 때문에 모든 정치투쟁은 폭력적인 방식으로 펼쳐졌습니다. 시대적 상황을 염두에 두고 '폭력적'이라는 표현을 읽어낼 필요가 있습니다.

프롤레타리아가 잃을 것은 착취와 억압이고, 얻을 것은 해방된 세상입니다. 망설일 필요가 있겠습니까? 마르크스와 엥겔스는 승리를 예감하며 새로운 역사의 시작을 선포합니다. 아마 유사이래 가장 강렬하고 성공적인 마무리가 아닌가 싶습니다.

"만국의 프롤레타리아여, 단결하라!"

런던 하이게이트 공동묘지에 있는 마르크스의 묘비에는 《공산당 선언》과 〈포이어바흐에 관한 테제〉의 문구("만국의 프롤레타리아여, 단결하라!", "지금까지 철학자들은 다양한 방식으로 세계를 해석했을 뿐이다. 그러나 중요한 것은 세계를 변화시키는 것이다")가 새겨져 있다. 2017년 가을에 찍은 사진. © 임승수, 이유리

- 보충 자료 -

I. 〈공산주의의 원리〉

II. 《공산당 선언》의 서문들

보충 자료에서는 《공산당 선언》을 한층 더 깊이 이해하는 데 도움을 주는 글들을 소개합니다.

먼저 <공산주의의 원리>는 엥겔스가 '공산주의자 동맹'의 강령을 만들기 위해 1847년 문답식으로 작성한 글로, 이후 《공산당 선언》 작성 과정에서 활용하였습니다. 그래서 《공산당 선언》의 주요 내용을 요약된 형태로 볼 수 있습니다.

1872년부터 마르크스와 엥겔스는 《공산당 선언》에 서문을 쓰기 시작합니다. 발표 후 24년이라는 시간이 흘렀고, 무엇보다도 역사상 최초로 프롤레타리아 계급이 정치권력을 창출한 1871년 '파리 코뮌'을 겪었기 때문에, 이러한 상황과 《공산당 선언》을 연결하는 설명이 필요하다고 생각한 것입니다. 총 7개의 서문이 작성되었는데, 이 책에는 1872년에 처음으로 쓰인 '독일어판', 1882년 "러시아 혁명이 서구 혁명의 신호탄이 될 수도 있을 것"이라는 예상을 던진 '러시아어판', 1883년 마르크스 사망 후 엥겔스가 평생의 동료에게 바치는 조사弔詞로 쓴 '독일어판'을 수록하였습니다.

I. 〈공산주의의 원리〉[1]

1. 공산주의란 무엇인가?

공산주의란 프롤레타리아 계급의 해방 조건에 대한 가르침이다.

1 엥겔스의 글 〈공산주의의 원리〉는 '공산주의자 동맹'을 위한 강령의 초안이다. 강령을 교리 문답식으로 작성한다는 것에 대해서는 이미 제1차 동맹 회의 이전에 논의되었다. 1947년 6월 회의에서 '정의로운 자들의 연맹' 조직이 개편되고 '공산주의자 동맹'이라는 이름을 부여받았다. 1847년 9월, 공산주의자 동맹의 런던 중앙 본부(샤퍼, 바우어, 몰)는 〈공산주의적 신앙 고백〉의 초안을 동맹의 지부와 회원들에게 보냈다. 공상적 사회주의의 영향을 받았음이 드러난 이 문서는 마르크스와 엥겔스를 만족시킬 수 없었다. 파리에서 '참된' 사회주의자 모제스 헤스에 의해 '훌륭하게 개선된' 초안 또한 마찬가지였다. 10월 22일에 열린 공산주의자 동맹 파리 지부 모임에서 엥겔스는 이 초안을 매우 꼼꼼하고 날카롭게 비판했으며, 새로운 초안을 작성하라는 과제를 부여받았다. 이후 바로 작성된 초안이 〈공산주의의 원리〉이다. 〈공산주의의 원리〉를 강령의 임시 밑그림 정도로만 여겼던 엥겔스는 1847년 11월 23일과 24일에 마르크스에게 보내는 편지에서 낡아 빠진 교리 문답 형식을 버리고 '공산주의 선언'의 형식으로 작성하는 것이 최선이라는 생각을 털어놓았다. 마르크스와 엥겔스는 제2차 공산주의자 동맹 회의(1847년 11월 29일~12월 8일)에서 프롤레타리아 정당 강령에는 과학적 원리가 담겨야 한다고 주장했다. 회의는 두 사람에게 선언을 작성하라는 과제를 부여했다. 마르크스주의의 창시자들은 《공산당 선언》을 작성하면서 〈공산주의의 원리〉에 전개되어 있는 명제들 몇 개를 사용했다.

2. 프롤레타리아 계급이란 무엇인가?

프롤레타리아 계급은 전적으로 자신의 노동을 팔아서[2] 살아가는 사회 계급이며, 어떤 종류의 자본으로부터도 이윤을 얻지 않는 계급이다. 그들의 안녕과 고통, 그들의 삶과 죽음, 그들의 실존 전부가 노동에 대한 수요, 다시 말해 좋아졌다 나빠졌다 하는 경기변동, 통제 불능의 경쟁 변화에 달려 있는 계급이다. 프롤레타리아 계급은 한마디로 19세기의 노동 계급이다.

3. 그렇다면 프롤레타리아가 항상 있었던 것은 아닌가?

그렇다. 가난한 자들과 노동 계급은 항상 있었다. 그리고 노동 계급은 대개 가난했다. 그러나 방금 말한 상황에서 살았던 가난한 자들, 노동자들, 그러니까 프롤레타리아는, 경쟁이 항상 자유롭고 통제 불능이 아니었듯이, 항상 있었던 것은 아니다.

2 마르크스와 엥겔스는 초기 저작들에서는 아직 노동의 판매에 대해 이야기하고 있다. 나중에 마르크스는 노동자가 자신의 노동이 아니라 노동력을 판다는 사실을 증명했다. 이에 대해 마르크스의 글 《임금 노동과 자본》의 신판(베를린, 1891) 엥겔스의 서문에 자세한 설명이 있다.

4. 프롤레타리아 계급은 어떻게 해서 생겨났는가?

프롤레타리아 계급은 지난 세기 후반에 영국에서 일어났으며, 그 후 세계의 모든 문명국에서 일어난 산업혁명을 통해 생겨났다. 산업혁명은 증기기관, 다양한 방적기계, 방직기계, 그리고 다른 기계장치들의 발명에 의해 야기되었다. 매우 비싸고 그래서 대자본가들만 구입할 수 있었던 이 기계들은 그때까지의 전체 생산양식을 바꾸어 놓았으며, 노동자들이 불완전한 물레와 베틀로 생산할 수 있었던 물건들보다 더 싸고 더 좋은 물건들을 제공함으로써 종래의 노동자들을 내쫓아버렸다. 기계들은 이렇게 해서 산업을 송두리째 대자본가의 손에 쥐여주었고, 노동자의 얼마 안 되는 재산(도구, 베틀 따위)을 완전히 가치 없게 만들었다. 자본가들은 곧 모든 것을 손에 쥐게 되었고 노동자들에게는 남은 게 없게 되었다. 이렇게 해서 옷감 만드는 일에 공장 시스템이 도입되었다.—기계장치와 공장 시스템 도입의 계기가 주어지자, 이 시스템은 재빨리 다른 산업부문으로, 특히 날염, 인쇄, 도자기, 그리고 금속 산업으로 퍼져나갔다. 노동은 개별 노동자들 사이에서 더욱더 분화되었으며 전에는 한 가지 작업 전체를 했던 노동자가 이제는 그 작업의 일부만을 하게 되었다. 이러한 분업은 생산품을 더 빨리 더 값싸게 공급할 수 있게 했다. 분업은 노동자들의 작업을 매우 단순한, 매 순간 반복되는 기계적인 손놀림으로, 그 정도로 좋기만 한 것이 아니라 기계로 하면 그보다 훨씬 더 나을 손놀림으로 축소해버렸다. 이런 식으로 모든 산업 부문은 하나하나, 방적업과 방직업이 그랬듯이 증기력과 기계장치, 공장 시스템의 지배를 받게 되었다. 이렇게 해서 산업 부문들은 완전히 대자본가들의 손에 넘어갔고, 노동자들은 남아 있던 마지막 자립성을 빼앗기게 되었다. 대자본가들은 비용을 더 많이 절감하고 노동을 더 세분할 수 있는 커다란 작업장을 설치함으로써 점점 더 많은 영세 장인들을 몰아냈다. 이렇게 해서 매뉴팩처 외부에 있던 수공업도 공장 시스템의 지배 아래에 들어가게 되었다. 이제 문명국에서는 거의 모든 노동 부문이 공장처럼 운영되고, 거의 모든 노동 부문에서 수공업과 매뉴팩처가 거대 산업에 의해 내몰리고 있는 지경에 이르렀다.—이로 인해 중산층, 특히 영세 수공업 장인들은 점점 더 몰락하고, 노동자의 예전 지위는 완전히 변화했으며 두 가지 새로운, 다른 계급을 모두 삼켜버리는 계급이 생겨났다. 그것은,

(1) 모든 문명국에서 이미 배타적으로 거의 모든 생활 수단을 소유하고 있으며, 생활 수단을 생산하기 위해 필요한 원료와 도구(기계, 공장)를 소유하고 있는 대자본가 계급이다. 이 계급이 부르주아계급이다.

(2) 생계를 위해서 필요한 생활 수단을 얻기 위해 부르주아에게 자신의 노동을 팔지 않으면 안 되는, 완전한 무산 계급이다. 이 계급이 프롤레타리아 계급이다.

5. 프롤레타리아의 노동은 어떤 조건에서 부르주아에게 판매되는가?

노동은 다른 상품들과 마찬가지로 하나의 상품이다. 따라서 그 가격은 다른 상품들과 똑같은 법칙에 따라 결정된다. 그런데 거대 산업이나 자유경쟁의 지배 하에서, 우리가 앞으로 보게 되듯이 둘은 결국 같은 것이지만, 한 상품의 가격은 평균적으로 항상 그 상품의 생산비와 같다. 노동의 가격 또한 노동의 생산비와 같다. 노동의 생산비는 정확히, 노동자가 계속해서 노동을 할 수 있고 노동자 계급이 모두 죽어서 사라지지 않도록 유지하는 데에 필요한 만큼의 생활 수단으로 이루어진다. 그러므로 노동자는 노동의 대가로 이 목적을 위해 필요한 정도보다 더 받지 못한다. 노동의 가격 또는 임금은 그래서 생계유지에 필요한 최소치, 최저생계비가 된다. 그런데 경기란 금세 좋았다가도 금세 나빠지기 때문에, 노동자는 금세 많이 받았다가도 금세 적게 받게 될 것이다. 공장주 또한 상품을 팔아 금세 많이 벌었다가도 금세 적게 벌게 될 것이다. 그런데 경기가 좋을 때와 나쁠 때를 평균해보면 공장주는 상품을 판 대가로 생산비보다 더 많이 받지 않고 더 적게 받지도 않는다. 이와 마찬가지로 노동자도 평균적으로 최저생계비보다 더 많이 받지 않고 더 적게 받지도 않는다. 이러한 노동 임금의 경제법칙은 거대 산업이 노동 부문을 더 많이 장악할수록 더 엄격하게 작용한다.

6. 산업혁명 이전에는 어떤 노동자 계급들이 있었는가?

노동 계급은 다양한 사회 발전 단계에 따라 다양한 상태에서 살았으며, 소유하고 지배하는 계급들과 다양한 관계를 맺으며 살아왔다. 고대에는 많은 후진국과 미국의 남부 지방에서 여전히 그런 것처럼 노동하는 사람들이 소유자의 노예였다. 중세에는 헝가리, 폴란드, 러시아에서는 여전히 그런 것처럼 토지를 소유한 귀족들의 농노였다. 그 밖에 중세에, 그리고 산업혁명이 일어나기 전까지는 도시에 소시민 장인들을 위해 일하는 수공업 도제들이 있었다. 매뉴팩처가 발전함에 따라 점차 매뉴팩처 노동자들도 나타났는데, 이들은 이미 대자본가들에 의해 고용되었다.

7. 프롤레타리아는 어떤 점에서 노예와 다른가?

노예는 딱 한 번만 팔린다. 프롤레타리아는 자기 자신을 매일 그리고 매시간 팔아야 한다. 주인의 재산인 개별 노예는 주인에게 이익이 되기 때문에 아무리 비참하다 할지라도 어쨌든 생존은 보장받는다. 그러나 누군가 필요로 할 때만 자신의 노동을 팔 수 있는, 말하자면 전체 부르주아계급의 재산인 개별 프롤레타리아는 생존을 보장받지 못한다. 생존은 전체 프롤레타리아 계급에게만 보장된다. 노예는 경쟁 밖에 서 있지만, 프롤레타리아는 경쟁 안에 서 있으면서 경쟁의 모든 변화를 경험한다. 노예는 물건으로 간주되고 사회 구성원의 하나로 간주되지 않는다. 프롤레타리아는 사람으로, 사회 구성원의 하나로 인정받는다. 그래서 노예가 프롤레타리아보다 더 나은 생활을 할 수는 있지만, 프롤레타리아는 사회의 더 높은 발전 단계에 속하며 노예보다 더 높은 단계에 서 있다. 노예는 모든 사적 소유관계 가운데에서 노예 관계만을 폐지하고 비로소 프롤레타리아가 됨으로써 해방된다. 프롤레타리아는 사적 소유 자체를 폐지함으로써만 해방될 수 있다.

8. 프롤레타리아는 어떤 점에서 농노와 다른가?

농노는 수확의 일부를 지주에게 바치거나 노동을 제공하는 대가로 생산도구, 땅 한 뙈기를 점유하고 사용한다. 프롤레타리아는 수입의 일부를 얻는 대가로 다른 사람의 생산도구를 가지고 그 사람의 이익을 위해 일한다. 농노는 주지만, 프롤레타리아는 받는다. 농노는 생존을 보장받지만, 프롤레타리아는 보장받지 못한다. 농노는 경쟁의 밖에 서 있지만, 프롤레타리아는 경쟁의 안에 서 있다. 농노는 도시로 도망가서 수공업자가 되거나 노동이나 생산물 대신 돈을 지주에게 주고 소작농이 되거나 봉건지주를 몰아내고 스스로 소유 계급이 됨으로써, 간단히 말해 이런저런 방법으로 소유 계급이 되어 경쟁에 뛰어듦으로써 해방된다. 프롤레타리아는 경쟁, 사적 소유 그리고 모든 계급 차이를 폐지함으로써만 해방된다.

9. 프롤레타리아는 어떤 점에서 수공업자와 다른가?[3]

프롤레타리아와는 대조적으로 소위 수공업자는 지난 18세기에 거의 도처에 있었고 지금도 여기저기에 있는데, 기껏해야 일시적으로만 프롤레타리아이다. 수공업자의 목표는 스스로 자본을 얻어, 그것으로 다른 노동자를 착취하는 것이다. 길드가 아직 남아 있는 곳이나, 길드의 규제로부터 벗어나기는 했지만, 아직 공장 제도가 수공업에 도입되지 않은 곳, 경쟁이 격심해지지 않은 곳에서는 이런 목표를 종종 이룰 수 있다. 그러나 공장 제도가 수공업에 도입되자마자, 그리고 경쟁이 격심해지자마자 이러한 전망은 점점 사라지며 수공업자는 갈수록 프롤레타리아가 되어 간다. 그러므로 수공업자는 부르주아가 되거나 대개는 중산층에 진입함으로써, 또는 경쟁으로 인해 프롤레타리아가 됨으로써(요즘에는 이런 경우가 더 많다), 스스로를 해방시킨다. 어떤 경우든, 그는 프롤레타리아 운동, 즉 공산주의 운동에 참여함으로써 자신을 해방시킬 수 있다.[4]

3 1968년 〈공산주의의 원리〉를 쓰기 위한 초고가 발견되었는데, 〈공산주의자의 신념 표명 초안〉이라는 제목이 붙어 있었다. 여기에는 〈공산주의의 원리〉에는 비어 있는 9번, 22번, 23번 질문에 대한 답이 적혀 있다. https://www.marxists.org를 참고했다(역자 주).

4 엥겔스는 이 질문의 답변을 위해 원고의 반 페이지를 비워 놓았다. 〈공산주의자의 신념 표명 초안〉에는 같은 질문이 12번에 있다.

10. 프롤레타리아는 어떤 점에서 매뉴팩처 노동자와 다른가?

16세기에서 18세기까지 매뉴팩처 노동자는 거의 모든 곳에서 자신의 생산도구, 자기의 베틀, 자기 가족을 위한 물레, 여가 시간에 경작하는 작은 밭을 가지고 있었다. 프롤레타리아에게는 이런 것들이 없다. 매뉴팩처 노동자는 거의 항상 농촌에 살며 지주나 고용주와 어느 정도 가부장적인 관계를 맺고 산다. 프롤레타리아는 대개 대도시에 살고 고용주와 순수한 금전 관계를 맺고 산다. 매뉴팩처 노동자는 거대 산업을 통해 가부장적인 관계에서 벗어나게 되고, 그때까지 소유하고 있던 것들을 잃고, 비로소 프롤레타리아가 된다.

11. 산업혁명의 직접적인 결과는 무엇이었으며, 부르주아와 프롤레타리아로 사회가 분열된 직접적인 결과는 무엇이었는가?

첫째, 기계 노동의 결과로 산업 생산품의 가격이 점점 더 싸졌기 때문에 매뉴팩처 시스템 및 육체노동에 바탕을 두었던 낡은 산업은 세계 모든 나라에서 완전히 파괴되었다. 지금까지 역사 발전으로부터 다소간 동떨어져 있었고 매뉴팩처를 기반으로 하고 있었던 반半야만적인 나라들은 이 때문에 쇄국 상태로부터 강제로 벗어나게 되었다. 그들은 값싼 영국인의 상품을 사들이고, 자기 나라의 매뉴팩처 노동자들은 몰락의 길을 걷도록 내버려두었다. 그리하여 인도처럼 수천 년 동안 전혀 진보하지 못했던 나라들에서도 철저하게 개혁이 일어났으며, 심지어 중국까지도 이제는 혁명을 향해 나아가고 있다. 그리하여 오늘 영국에서 발명된 새 기계가 1년도 안 돼 수백만 중국 노동자들의 밥줄을 끊는 지경에 이르렀다. 이런 방식으로 거대 산업은 지구상의 모든 민족을 서로 연결시키고 소규모의 지방 시장들을 세계시장 안으로 몰아넣었으며 도처에서 문명과 진보를 준비했고, 문명국들에서 일어난 사건들 하나하나가 다른 나라에 영향을 미치게 되었다. 그 결과, 영국이나 프랑스에서 노동자가 해방된다면, 다른 나라들에서 혁명을 초래할 수밖에 없으며, 조만간 그곳의 노동자들 또한 해방을 맞게 된다.

둘째, 산업혁명은 매뉴팩처 대신 거대 산업이 들어선 곳에서는 어디서나 부르주아계급, 부르주아계급의 부와 권력을 고도로 발전시켰으며, 그들을 나라의 제1계급으로 만들었다. 그 결과, 이런 일이 일어난 곳에서는 어디서나 부르주아계급이 정치권력을 손에 넣었으며 그때까지 지배 계급이었던 귀족, 길드 장인 및 이 둘을 대변하던 절대왕정을 몰아냈다. 부르주아계급은 장자 상속권이나 토지 매매 금지 그리고 귀족의 특권들을 모두 폐지함으로써 귀족과 귀족 정치의 권력을 없애 버렸다. 그들은 길드와 수공업의 특권을 모두 폐지함으로써 길드 장인들의 권력을 무너뜨렸다. 그들은 특권 대신 자유경쟁을 들여놓았다. 누구나 자기가 원하는 산업 부문을 경영할 권리가 있으며 자본의 부족 이외에는 아무것도 그를 방해할 수 없는 사회질서를 구축해놓았다. 자유경쟁의 도입이란, 앞으로 사회 구성원들은 자본이 불평등한 만큼만 불평등하고, 자본이 결정적인 권력이 되었으며, 자본가들이, 부르주아들이 사회의 제1계급이 되었다는 사실을 공공연하게 천명한 것이다. 거대 산업의 초기에는 자유경쟁이 필수적이다. 자유경쟁은 거대 산업이 출현할 수 있는 유일한 사회질서이기 때문이다. 부르주아계급은 귀족과 길드 장인들의 사회적 권력을 파괴한 뒤에 그들의 정치권력마저 파괴했다. 부르주아계급은 사회에서 제1계급으로 올라섰듯이 정치 형태에서도 자신들이 제1계급이라고 선포했다. 그들은 대의제를 도입하여 이것을 실행에 옮겼다. 대의제는 부르주아적 평등과 자유경쟁을 법적으로 인정한다는 것에 그 근거를 두고 있는데, 유럽 각국에서는 입헌 군주제의 형태로 도입되었다. 입헌 군주제에서는 일정한 자본을 소유하고 있는 자들, 다시 말해 부르주아만이 유권자가 된다. 부르주아 유권자들은 대의원을 선출하고 부르주아 대의원들은 납세 거부권을 이용해 부르주아 정부를 선출한다.

셋째, 산업혁명은 부르주아계급을 발전시킨 정도로 도처에서 프롤레타리아 계급을 발전시켰다. 부르주아가 부유해지는 만큼 프롤레타리아의 숫자도 늘어났다. 프롤레타리아는 자본을 통해서만 일을 할 수 있고 자본은 노동을 시켜야만 증식되고, 프롤레타리아 계급의 증가는 자본의 증식과 똑같이 보조를 맞추기 때문이다. 동시에 산업 혁명은 부르주아와 프롤레타리아를 산업 경영에 가장 유리한 대도시로 집결시킨다. 그리고 이처럼 한곳에 거대한 대중을 던져 넣음으로써 프롤레타리아가 자신의 힘을 의식하도록 만든다.

산업혁명이 발전할수록, 육체노동을 몰아내는 새로운 기계들이 더 많이 발명될수록, 거대 산업은, 이미 말했듯이, 임금을 최소치로 떨어뜨리고 이를 통해 프롤레타리아 계급의 처지를 더욱더 견딜 수 없게 만든다. 이처럼 산업혁명은 한편으로는 불만을 증대시키고, 다른 한편으로는 프롤레타리아 계급의 힘을 증대시킴으로써 프롤레타리아 계급에 의한 사회혁명을 준비한다.

12. 산업혁명의 다른 결과는 무엇이었는가?

거대 산업은 증기기관과 다른 기계들을 이용해 산업 생산을 짧은 시간에 적은 비용으로 무한히 증대시킬 수 있는 수단을 창조했다. 생산이 이렇듯 용이해짐에 따라 거대 산업이 필연적으로 야기하는 자유경쟁은 극히 격렬한 성격을 띠게 되었다. 수많은 자본가가 산업에 뛰어들었고, 얼마 되지 않아 사용될 수 있는 양보다 더 많은 양이 생산되었다. 그 결과, 제조된 상품들이 팔릴 수 없게 되자, 소위 상업공황이 닥쳤다. 공장들은 가동을 멈출 수밖에 없었고, 공장주들은 파산했으며, 노동자들은 밥줄을 잃었다. 도처에서 극도로 비참한 상황이 벌어졌다. 얼마간 시간이 흐르자 잉여생산물이 팔리고, 공장들이 다시 가동을 시작했으며, 임금이 올라갔고, 경기는 다시 이전보다 좋아졌다. 그러나 오래지 않아 다시 너무 많은 상품들이 생산되었고, 이전과 똑같은 경로를 다시 밟는 새로운 공황이 닥쳐왔다. 이처럼 금세기 초부터 산업의 상태는 번영의 시기와 공황의 시기 사이에서 끊임없이 동요해왔고, 거의 정기적으로 5년에서 7년마다[5] 이러한 공황이 나타났다. 그리고 그때마다 노동자들의 극심한 빈곤, 전반적인 혁명적 소요, 기존 질서 전체에 대한 커다란 위험으로 이어졌다.

13. 규칙적으로 반복되는 상업공황으로부터 어떤 결론이 나오는가?

첫째, 거대 산업은 발전의 초기 단계에서는 자유경쟁을 낳았지만 이제는 자유경쟁이 감당할 수 없을 만큼 지나치게 성장했다는 것. 경쟁과 개인에 의한 산업 생산의 경영 자체가 거대 산업으로서는 끊어야만 하고 또 끊어질 족쇄가 되었다는 것. 거대 산업이 지금의 토대 위에서 경영되는 한, 매번 문명 전체를 위협하고 프롤레타리아를 빈곤 속으로 몰아넣을 뿐만 아니라, 다수의 부르주아도 몰락시키는, 7년 주기로 반복되는 전반적인 혼란을 통해서만 거대 산업이 유지될 수 있다는 것. 따라서 전혀 불가능한 일이긴 하지만 거대 산업 자체가 완전히 없어지는 것, 아니면 거대 산업이 서로 경쟁하는 개별 공장주들이 아니라 확고한 계획에 따라 그리고 모든 사람들의 수요에 따라 산업 생산을 이끄는 아주 새로운 사회조직을 절대적으로 필요한 것으로 만든다는 것.

5 1892년 엥겔스는 《영국 노동 계급의 상황》 제2판 서문에서 19세기 초 산업 공황의 순환 주기에 대해 다음과 같이 쓰고 있다. "본문에는 산업 대공황의 주기가 5년이라고 나와 있다. 이것은 1825년에서 1842년 사이에 일어난 사건들의 경과를 보고 계산한 피상적인 시기 규정이다. 1842년부터 1868년까지의 산업의 역사는 실제 주기가 10년이라는 것, 중간에 일어나는 공황은 부차적인 것이며 1842년 이후에는 차츰 사라졌다는 것을 증명했다."

둘째, 거대 산업과 이로 인해 가능해진 생산의 무한한 확장은 생활필수품들이 많이 생산되어 사회 구성원 각자가 능력과 소질을 자유롭게 개발하고 발휘할 수 있는 사회를 가능하게 한다는 것. 그리하여 현 사회에서는 빈곤과 상업공황을 낳는 거대 산업의 속성이 다른 사회 조직에서는 불행을 불러오는 경기변동과 빈곤을 근절하는 바로 그 속성이라는 것.

따라서 다음 사실들이 아주 명확하게 증명된다는 것.

(1) 앞으로 이 모든 악에 대한 책임은 더 이상 상황에 걸맞지 않는 사회질서에 돌려져야 한다는 것, 그리고

(2) 새로운 사회질서를 통해 이러한 악을 완전히 제거하기 위한 수단이 존재한다는 것.

14. 새로운 사회질서는 어떤 종류여야 하는가?

새로운 사회질서는 무엇보다도 산업과 생산 부문 전체의 경영을 서로 경쟁하는 개인들의 손에서 빼앗아야 한다. 그 대신 모든 생산 부문들이 사회 전체에 의해, 즉 공동의 책임으로 공동의 계획에 따라 사회 구성원 전체의 참가 하에 경영되도록 해야 한다. 그러므로 새로운 사회질서는 경쟁을 폐지하고 대신 협력을 가져다 놓게 될 것이다. 개인에 의한 산업 경영의 필연적 결과는 사적 소유이고 경쟁은 개별 사적 소유자에 의한 산업 경영 방식에 지나지 않으므로, 사적 소유는 개인에 의한 산업 경영 및 경쟁과 분리될 수 없다. 따라

서 사적 소유도 마찬가지로 폐기되어야 하며, 그 대신 모든 생산 도구의 공동 사용, 공동 합의에 따른 모든 생산물의 분배, 이른바 재산 공유제가 나타나게 될 것이다. 더구나 사적 소유의 폐기는 산업 발전이 필연적으로 야기하는 전체 사회질서의 변형을 가장 간결하고, 가장 특징적으로 요약한 것이다. 따라서 당연하게도 공산주의자들은 사적 소유의 폐기를 주요한 요구 사항으로서 강조하는 것이다.

15. 그렇다면 이전에는 사적 소유의 폐기가 불가능했다는 말인가?

그렇다. 사회질서의 모든 변화, 소유관계의 모든 전복은 낡은 소유관계에 더 이상 순응하려 하지 않는 새로운 생산력 산출이 낳은 필연적 결과이다. 사적 소유 자체도 이렇게 해서 생겨났다. 사적 소유가 언제나 존재했던 것은 아니다. 중세 말, 당시의 봉건적 및 길드적 소유에 종속되지 않았던 매뉴팩처에서 새로운 생산방식이 나타났을 때, 낡은 소유관계에서 벗어나 있던 매뉴팩처가 사적 소유라는 새로운 소유 형태를 낳은 것이다. 그러나 매뉴팩처 시대와 거대 산업의 발전 초기 단계에서는 사적 소유 이외에 다른 어떠한 소유 형태도 가능하지 않았다. 사적 소유를 바탕으로 한 사회질서 이외에 다른 어떠한 사회질서도 가능하지 않았다. 모든 사람에게 충분하면서 사회적 자본의 증식과 지속적인 생산력 발전에 필요한 잉여생산물까지 남을 만큼 많은 양이 생산될 수 없는 한, 사회의 생산력을 좌우하는 지배계급과 가난하고 억압받는 계급은 늘 존재할 수밖에 없다. 이 계급들이 어떤 성격을 갖게 되느냐 하는 것은 생산의 발전 단계에 달려 있다. 농경에 의존하던 중세에는 영주와 농노가 있었고, 중세 후기의 도시에는 길드 장인과 도제, 일용 근로자가 있었으며, 17세기에는 매뉴팩처 경영자와 매뉴팩처 노동자가 있었고, 19세기에는 대大공장주와 프롤레타리아가 있었다. 이때까지는 아직 생산력이 충분히 발전하지 않아서, 모든 사람에게 충분할 만큼 많이 생산할 수 있을 정도도 아니었고, 사적 소유가 생산력에 대해 족쇄나 장애물이 될 정도도 아니었다는 것은 분명하다. 그러나 지금은 거대 산업의 발전을 통해, 첫째, 자본가와 생산력이 전대미문의 규모로 만들어지고 있고, 생산력을 짧은 시간 안에 무한정 증대시킬 수 있는 수단이 존재한다. 둘째, 생산력이 소수 부르주아의 손에 집중되어 있는 반면에 대다수 국민 대중은 점점 더 프롤레타리아가 되고 있고, 부르주아의 부가 늘어나는 것만큼이나 프롤레타리아의 처지는 빈곤해지고 참을 수 없게 되고 있다. 셋째, 쉽게 증대될 수 있는 이 강력한 생산력이 사적 소유와 부르주아가 감당할 수 없을 만큼 커져서 매 순간 사회질서를 엄청나게 교란시키게 된 지금에야 비로소, 사적 소유의 폐지가 가능해졌을 뿐만 아니라 심지어는 절대적으로 필요한 것이 되었다.

16. 평화적인 방법으로 사적 소유를 폐지하는 것이 가능한가?

그것은 정말 바람직한 일이며, 공산주의자들이야말로 그에 대해 가장 찬성할 사람들이다. 공산주의자들은 모든 음모가 쓸모없을 뿐만 아니라 해롭기까지 하다는 것을 너무나 잘 알고 있다. 그들은 혁명이 의도적으로 또 자의적으로 이루어지는 것이 아니며, 언제 어디서나 개별 정당들이나 계급 전체의 의지 및 지도와는 전혀 상관없는 상황의 필연적인 결과였다는 것을 너무나 잘 알고 있다. 그러나 그들은 거의 모든 문명국에서 프롤레타리아 계급의 발전이 폭력적으로 억압받고 있으며, 이로 인해 공산주의자의 적들은 온 힘을 다해 혁명을 향해 나아가도록 도와주고 있는 셈이라는 것도 잘 알고 있다. 만일 억압받는 프롤레타리아 계급이 이로 인해 결국 혁명으로 내몰리게 된다면, 우리 공산주의자들은 지금처럼 말로만 옹호하지 않고 행동으로도 프롤레타리아를 옹호할 것이다.

17. 사적 소유를 단번에 폐지하는 것이 가능한가?

아니다. 공동체 건설에 필요한 만큼 기존의 생산력을 단번에 증대시킬 수 없는 것과 마찬가지로 이 또한 불가능하다. 따라서 시작되고 있는 프롤레타리아 계급 혁명의 모든 가능성은 단지 점차적으로만 현 사회를 변화시킬 것이며, 생산수단이 필요한 만큼 갖추어졌을 때 비로소 사적 소유를 폐지할 수 있을 것이다.

18. 이 혁명은 어떤 발전 과정을 밟게 되는가?

혁명은 무엇보다도 민주주의적 국가 제도를 건설하고, 그것을 통해 직접 또는 간접적으로 프롤레타리아 계급의 정치적 지배를 만들어 낼 것이다. 프롤레타리아가 이미 국민의 다수를 차지하는 영국에서는 직접적으로, 그리고 국민의 다수가 프롤레타리아뿐만 아니라 소농민과 소시민으로 이루어져 있는 프랑스와 독일에서는 간접적으로. 이들은 이제 막 프롤레타리아 계급으로 변하고 있는 중이며, 자신의 정치적 이해관계 속에서 더욱더 프롤레타리아 계급에 의존하게 되며 머지않아 프롤레타리아 계급의 요구에 따를 수밖에 없다. 이를 위해서는 제2차 투쟁이 필요할지도 모르지만, 그 투쟁은 프롤레타리아 계급의 승리로 끝날 것이다.

만일 사적 소유를 직접 공격하고 프롤레타리아 계급의 생존을 보장해주는 조치들을 관철하기 위한 수단으로서 민주주의가 즉각 이용되지 않는다면, 민주주의는 프롤레타리아 계급에게는 전혀 쓸모없는 것이 될 것이다. 기존 상황들의 필연적 결과로서 이미 오늘날 나타나는 조치들 가운데 중요한 것들은 다음과 같다.

(1) 누진세, 높은 상속세, 방계 가족(형제, 조카 등)에 대한 상속 폐지, 강제 공채 등을 통한 사적 소유의 제한.
(2) 일부는 국유 산업과의 경쟁을 통해서, 다른 일부는 직접 보상을 통해서 지주, 공장주, 철도 소유자 및 선주의 재산을 점진적으로 수용.

(3) 국민 다수를 배신한 모든 도망자와 반역자 들의 재산 몰수.

(4) 국유 농장과 공장 및 작업장에서 노동을 조직하거나 프롤레타리아를 고용해 노동자들 사이의 경쟁을 없애고, 공장주가 남아 있다면 국가가 지불하는 것만큼 높은 임금을 지불하도록 강제.

(5) 사적 소유가 완전히 폐지될 때까지 모든 사회 구성원에게 동등한 노동을 강제. 특히 농업을 위한 산업 군대 육성.

(6) 국가 자본을 소유한 국립은행을 통해 신용 제도와 금융 거래를 국가의 수중에 집중하고, 모든 민간은행과 은행가를 규제.

(7) 국가가 활용할 수 있는 자본과 노동력이 증가하는 비율에 맞추어, 국유 공장과 작업장, 철도, 선박의 숫자를 늘리고 모든 토지를 개간하며, 이미 개간된 토지를 개량.

(8) 어머니의 초기 양육 없이도 지낼 수 있게 되는 순간부터, 모든 어린이들을 국가 시설에서 국가 비용으로 교육. 교육과 생산을 함께.

(9) 국민 공동체를 위한 공동 주택으로 국유지 위에 대大주택을 건설. 이 공동체는 공업과 농업에 종사하면서 도시 생활과 농촌 생활의 장점은 공유하고 두 생활 방식의 일면성과 단점은 공유하지 않는다.

(10) 비위생적이고 조잡하게 지어진 모든 주택과 도시 구역을 정리.

(11) 적출자뿐만 아니라 사생아에게도 동등한 상속권 부여.

(12) 모든 운송 수단의 국유화.

물론 이 모든 조치가 단번에 실행될 수는 없다. 그러나 한 가지 조치가 실행되면 항상 다른 조치가 뒤를 이을 것이다. 일단 사적 소유를 향한 최초의 근본적인 공격이 이루어지면 프롤레타리아 계급은 계속 앞으로 나아갈 수밖에 없으며, 모든 자본, 모든 농업, 모든 산업, 모든 운송, 모든 교환을 더 많이 국가의 수중에 집중시켜야 함을 알게 된다. 모든 조치는 바로 이것을 위해 실행하는 것이다. 프롤레타리아 계급의 노동에 의해 나라의 생산력이 증대되는 정도에 비례해 이 조치들은 실행될 수 있으며 집중화의 결과도 나타날 것이다. 끝으로 모든 자본, 모든 생산, 모든 교환이 국가의 수중에 집중되면, 생산은 더 증대되고 사람들은 더 변할 것이다. 그리하면 사적 소유는 저절로 사라지고 화폐는 무용지물이 되며 마지막 남은 낡은 사회의 교류 형태마저 없어질 것이다.

19. 혁명이 한 나라에서만 일어날 수 있는가?

아니다. 거대 산업은 세계시장을 형성함으로써 이미 지구상의 모든 민족, 특히 문명화한 민족들을 서로 연결해놓았기 때문에 각 민족은 다른 민족에게 일어나는 일에 의존하게 되었다. 나아가 거대 산업은 모든 문명국가의 사회 발전 과정을 동일하게 만들어놓았기 때문에 모든 나라에서 부르주아계급과 프롤레타리아 계급이 사회의 결정적인 두 계급이 되었으며, 둘 사이의 투쟁은 오늘날 주된 투쟁이 되었다. 그러므로 공산주의 혁명은 한 나라가 아니라 모든 문명국가들에서, 적어도 영국, 미국, 프랑스, 독일에서는 동시에 일어나게 될 것이다. 산업 발전과 부의 축적 정도, 생산력의 크기에 따라서 나라마다 혁명은 빠르거나 느리게 진행될 것이다. 독일에서는 가장 느리고 어렵게, 영국에서는 가장 빠르고 쉽게 실현될 것이다. 이것은 세계의 다른 나라들에도 의미 있는 영향을 미치고 이제까지의 발전 방식을 완전히 변화시키고 발전 속도를 매우 빠르게 만들 것이다. 이것은 보편적 혁명이며, 따라서 보편적인 영역을 지니게 될 것이다.[6]

20. 사적 소유를 궁극적으로 제거한 결과는 무엇이겠는가?

사회가 모든 생산력과 교통수단을 사용할 권한과 생산물의 교환과 분배 권한을 개별 자본가들에게서 빼앗은 다음, 현존하는 수단과 사회 전체의 수요를 바탕으로 마련한 계획에 따라 이들 권한을

6 프롤레타리아 혁명은 발전된 자본주의 국가들에서만 동시에 가능할 뿐이며, 따라서 이 혁명을 한 나라에서 성공적으로 수행하는 것은 불가능할 것이라는 결론은 엥겔스의 글 〈공산주의의 원리〉에서 완성된 모습을 갖추었다. 이것은 독점 자본주의 이전 시기에는 옳았다. 새로운 역사적 조건에서, 레닌은 자신이 발견한 법칙, 제국주의 시대에는 자본주의의 경제적 정치적 발전이 불균등하다는 법칙에서 출발해 새로운 결론, 사회주의 혁명의 성공은 몇몇 국가, 심지어는 한 나라에서도 가능하다는 결론에 도달했다. 이것으로 그는 혁명이 모든 나라나 대다수의 나라에서 동시에 승리할 수는 없다는 점을 강조했다. 이 새로운 결론은 레닌의 논문 〈유럽 합중국이라는 슬로건에 대해〉에서 처음으로 공개되었다.

관리하게 된다. 이를 통해 먼저 거대 산업 경영과 관련된 모든 나쁜 결과가 제거될 것이다. 공황은 사라진다. 현 사회질서에서는 과잉생산이고 빈곤의 유력한 원인인 확대된 생산도 그때가 되면 결코 충분치 못하게 되며 훨씬 더 확대되어야 할 것이다. 사회가 꼭 필요로 하는 만큼의 수요를 초과하는 과잉생산은 빈곤을 가져오는 대신 모든 사람의 수요 충족을 보장할 것이며, 새로운 수요와 함께 그것을 충족시키기 위한 수단을 낳을 것이다. 그것은 새로운 진보의 조건이자 자극이 될 것이며, 예전처럼 매번 사회질서를 어지럽히지 않고서도 진보를 이룩할 것이다. 사적 소유의 압력에서 벗어난 거대 산업은 엄청난 규모로 발전할 것이다. 이에 비하면 현재 거대 산업의 발전 정도는 과거 매뉴팩처를 연상시킬 정도로 보잘것없어 보일 것이다. 산업의 발전은 모든 사람의 수요를 충족시킬 만큼 사회에 충분한 양의 생산물을 공급할 것이다. 사적 소유의 압력과 그에 따른 토지 분할 때문에 이미 알고 있는 개량 방법과 과학적 발전을 수용하지 못하고 있는 농업 또한 마찬가지로 완전히 새로운 비약을 이룩할 것이고, 아주 충분한 양의 생산물을 사회에 공급하게 될 것이다. 이런 식으로 사회는 모든 구성원의 수요가 충족되도록 분배할 수 있을 만큼 충분히 많은 양을 생산하게 될 것이다. 이로써 사회가 서로 대립하는 다양한 계급들로 분열될 필요도 없어질 것이다. 필요가 없어질 뿐만 아니라 새로운 사회질서와는 양립할 수도 없게 될 것이다. 계급의 존재는 분업 때문에 생겨난 것이므로, 이제까지와 같은 방식의 분업은 완전히 사라질 것이다. 공업 생산과 농업 생산 수준을 앞에서 이야기한 수준까지 높이자면 기계적, 화학적 보조 수단만으로는 충분하지 않으며, 이러한 보조 수단을 작동하는 사람들의 능력도 그만큼 발전해야 하기 때문이다. 지난 세기에 농민과 매뉴팩처 노동자는 거대 산업에 흡수된 뒤 자신의 생활 방식을 송두리째 바꾸고 전혀 다른 인간이 되었다. 이처럼 사회 전체가 생산을 공동으로 운영함으로써 생산이 새롭게 발전하면, 사회는 전혀 다른 인간을 필요로 할 것이며 또 그러한 인간을 만들어 낼 것이다. 현재의 인간들은 생산을 공동으로 운영할 수 없다. 각자가 한 생산 부문에 종속되어 있고, 그것에 묶여 있고, 그것에 의해 착취당하고 있고, 다른 능력은 모두 희생하고 오직 한 가지 능력만을 발전시키고, 전체 생산 분야에서 단 한 분야, 또 그 분야 가운데서도 단 한 분야밖에 모르는 그런 인간들은 할 수 없다. 이런 인간들은 오늘날의 산업에서도 이미 쓸모가 없어지고 있다. 사회 전체가 공동으로 또 계획적으로 운영하는 산업은 모든 면에서 발전된 능력을 지닌 인간, 생산의 전 체계를 파악할 수 있는 인간을 전제로 한다. 한 사람은 농민으로, 두 번째 사람은 제화공으로, 세 번째 사람은 공장 노동자로, 네 번째 사람은 증권업자로 만드는 분업은 이미 기계 때문에 약화되고 있고 앞으로는 완전히 사라질 것이다. 교육 덕택에 젊은이들은 생산의 전체 시스템을 금세 다 배울 수 있을 것이다. 그들은 사회의 수요 또는 그들 자신의 기호에 따라 한 생산 분야에서 다른 생산 분야로 옮길 수 있는 능력을 갖게 될 것이다. 말하자면 교육은 현재의 분업이 각 개인에게 각인시킨 일면적 성격에서 벗어나게 해 줄 것이다. 공산주의적으로 조직된 사회는 구성원에게 다방면으로 발전한 능력을 다방면으로 활용할 기회를 줄 것이다. 다양한 계급도 필연적으로 없어질 것이다. 한편으로는 공산주의적으로 조직된 사회가 계급의 존속과 양립할 수 없으며, 다른 한편으로는 이 사회의 건설 자체가 계급 차별을 폐지하기 위한 수단을 제공할 것이다.

그 결과, 도시와 농촌 사이의 대립 또한 사라질 것이다. 두 개의 상이한 계급이 아니라 같은 사람들이 농업과 산업을 경영하는 것은 매우 물질적인 이유에서 공산주의적 협력의 필수 조건이다. 대도시에는 공업 인구가 밀집해 있는 반면, 농촌에는 농업 인구가 흩어져 있다는 것은 농업과 공업의 발전 수준이 아직 그리 높지 않기 때문이며, 앞으로의 발전을 가로막는 장애이다. 이것은 오늘날 이미 쉽게 느낄 수 있다.

생산력을 공동으로 그리고 계획적으로 이용하기 위한 사회 구성원 전체의 전반적인 협력, 모든 사람의 욕망을 충족시킬 정도의 생산 증대, 한 사람의 욕구가 다른 사람의 희생으로 충족되는 상황의 해소, 계급과 계급 대립의 완전 폐지, 그리고 종전과 같은 분업의 제거를 통해서, 산업 교육을 통해서, 활동 분야의 전환을 통해서, 모든 사람이 만들어 놓은 즐거움에 대한 모든 사람의 참가를 통해서, 도시와 농촌의 융합을 통해서 모든 사회 구성원의 능력을 다방면으로 개발하는 것,—이것이 사적 소유의 폐지가 가져올 주요한 결과다.

21. 공산주의 사회질서는 가정에 어떤 영향을 미치는가?

공산주의 사회질서는 남녀 관계를 순수한 사적 관계로 만들 것이다. 이 관계는 관련 당사자들만의 문제이며, 사회는 개입할 이유가 없다. 이렇게 할 수 있는 것은, 이 질서가 사적 소유를 폐지하고, 아이들을 공동으로 교육하며, 그리고 이를 통해 기존 결혼의 두 토대, 즉 사적 소유를 매개로 한 남편에 대한 아내의 종속과 부모에 대한 아이들의 종속을 없애기 때문이다. 이것은 공산주의적 부인 공유제를 반대한다고 떠들어대는 고결한 속물들에 대한 대답이기도 하다. 부인 공유제란 전적으로 부르주아 사회에 속하는 것이며 오늘날 매춘에 고스란히 남아 있다. 그러나 매춘은 사적 소유에 기초하고 있으므로 사적 소유와 함께 사라진다. 공산주의 조직은 부인 공유제를 도입하기는커녕 오히려 그것을 폐지할 것이다.

22. 공산주의 조직은 기존의 국적에 대해 어떤 태도를 취하게 되는가?

다양한 신분과 계급의 차별은 그 기초인 사적 소유가 폐지되면 함께 사라질 수밖에 없다. 이와 마찬가지로, 공동체의 원리에 입각해서 부여되는 국적은 이 원리에 따라 뒤섞일 수밖에 없고 이 때문에 해체될 수밖에 없다.[7]

23. 공산주의 조직은 기존의 종교에 대해 어떤 태도를 취하게 되는가?

지금까지 모든 종교는 개인이나 집단의 역사 발전 단계를 표현한 것이었다. 그러나 공산주의는 현존하는 모든 종교를 불필요한 것으로 만들며 사라지게 만드는 역사 발전 단계이다.[8]

24. 공산주의자는 사회주의자와 어떻게 다른가?

소위 사회주의자는 세 부류로 나뉜다.

첫 번째 부류는 봉건적이고 가부장적인 사회의 추종자들이다. 이들은 거대 산업과 세계 무역, 그리고 이 둘이 만들어낸 부르주아사회에 의해 사라졌으며 지금도 나날이 사라지고 있다. 이 부류가 현 사회의 악을 보고 내리는 결론은, 봉건적이고 가부장적인 사회는 이러한 악으로부터 자유로웠기 때문에 그런 사회를 복구해야 한다는 것이다. 이들의 제안은 바로 가든 돌아서 가든 모두 이 목표를

7 엥겔스는 이 자리에 '그대로bleibt'라는 말만 적어 놓았다. 이것은 〈공산주의자의 신념 표명 초안〉에서는 21번 질문이다.

8 마찬가지로 이 자리에도 '그대로'라는 말만 적혀 있었다. 〈공산주의자의 신념 표명 초안〉에서는 22번 질문이다.

향해 간다. 이 반동적 사회주의자 부류는, 아무리 프롤레타리아 계급의 빈곤에 대해 동정을 하고 뜨거운 눈물을 흘리는 척해도, 공산주의자들로부터 늘 격렬한 공격을 받게 된다. 왜냐하면,

(1) 그들은 전혀 불가능한 것을 추구하기 때문이며,

(2) 귀족, 길드 장인 및 매뉴팩처 경영주, 그리고 이들을 추종하는 절대군주나 봉건 군주, 관료, 군인, 성직자 들의 지배를 복구하려고 하기 때문이다. 이런 사회는 현 사회의 악으로부터는 자유로웠을지 몰라도, 그만큼 많은 다른 악이 있었다. 게다가 공산주의 조직을 통해 억압받는 노동자들을 해방시킬 수 있다는 전망 같은 것은 절대로 내놓지 못했다.

(3) 그리고 프롤레타리아 계급이 혁명적이고 공산주의적으로 될 때마다, 그들은 언제나 진짜 의도를 드러내면서 재빨리 부르주아 계급과 손을 잡고 프롤레타리아에 대항하기 때문이다.

두 번째 부류는 현 사회의 추종자들이다. 이들은 현 사회에서 필연적으로 야기되는 악 때문에 현 사회가 존속할 수 없을까 봐 걱정하는 자들이다. 그래서 이들은 현 사회는 유지하려 하지만, 현 사회의 악은 제거하려 한다. 이 목적을 달성하기 위해 어떤 자들은 단순한 자선 정책들을 제안하고, 또 어떤 자들은 사회를 재조직한다는 구실로, 현 사회의 토대를 유지하고, 그럼으로써 현 사회 자체를 유지하려는 거창한 개혁 시스템을 제안한다. 공산주의자들은 이런 부르주아사회주의자들과도 지속적인 투쟁을 전개해야 한다. 이들은 공산주의자의 적들을 위해서 일하며, 공산주의자들이 타도하고자 하는 바로 그 사회를 옹호하기 때문이다.

끝으로 세 번째 부류는 민주적 사회주의자들이다. 이들은 공산주의자와 같은 방식으로 18번 질문에서 열거한 조치들 가운데 일부를 원한다. 하지만 그 조치들이 공산주의로 가는 이행 수단이라서 원하는 것이 아니라 빈곤을 폐지하고 현 사회의 악을 퇴치하는 데에 충분한 조치들이라서 원한다. 민주적 사회주의자들은 자기 계급의 해방 조건에 대해 아직 충분히 깨우치지 못한 프롤레타리아이거나, 아니면 민주주의와 그로부터 야기되는 사회주의적 조치들을 쟁취할 때까지 많은 점에서 프롤레타리아와 같은 이해관계에 있는 소시민 계급의 대표자들이다. 그러므로 민주적 사회주의자들이 지배 부르주아계급에 봉사하면서 공산주의자들을 공격하지 않는 한, 공산주의자들은 행동의 순간에는 민주적 사회주의자들과 협조하고, 평소에는 가능한 한 공동의 정책을 추구해야 한다. 이러한 공동 행동 방식이 이들과의 차이점에 대한 토론을 배제하지 않는다는 것은 분명하다.

25. 공산주의자들은 우리 시대의 다른 정당들에 대해 어떤 태도를 취하는가?

이 관계는 나라에 따라 다르다.—부르주아계급이 지배하는 영국, 프랑스, 벨기에의 공산주의자들은 여전히 다양한 민주적 정당들과 공동의 이해관계를 지니고 있다. 민주주의자들이 오늘날 도처에서 자신들이 옹호하는 사회주의적 조치들을 통해서 공산주의자들의 목적에 더 근접할수록, 이들이 프롤레타리아 계급의 이익을 더 명백하고 더 단호하게 옹호할수록, 이들이 프롤레타리아 계급에게 더 의지할수록, 공동의 이해관계는 더욱더 커진다. 예컨대 영국에서는 민주적 소시민이나 소위 급진파보다 노동자들로 이루어진 차티스트가 공산주의자와 훨씬 더 가깝다.

민주적 헌법이 도입되어 있는 미국의 공산주의자들은 부르주아 계급에 반대하고 프롤레타리아 계급의 이익을 위해 헌법을 이용하려는 정당, 전국 농업 개혁파와 손을 잡아야 한다.

스위스의 급진파는, 아직 그 자체가 매우 잡다한 정당이기는 하지만, 공산주의자들이 관계 맺을 수 있는 유일한 정당이다. 급진파 가운데서도 바틀란트와 제네바의 급진파가 가장 진보적이다.

끝으로 독일에서는 이제야 부르주아계급과 절대왕정 간의 결전을 눈앞에 두고 있다. 그러나 공산주의자들은 부르주아계급이 지배하기 이전에는 부르주아계급과 결정적 투쟁을 할 것이라고는 생각하지 않는다. 그러므로 부르주아가 가능한 한 빨리 지배권을 장악하도록 돕는 것, 그래서 가능한 한 빨리 다시 그 부르주아를 타도하는 것이 공산주의자들의 관심사이다. 따라서 공산주의자들은 정부에 맞서서 늘 자유주의 부르주아 정당의 편을 들어야 한다. 다만 부르주아의 자기기만에 동요되거나 부르주아계급의 승리의 결과가 프롤레타리아 계급에게도 유익하다는 그들의 유혹적인 보장을 믿지 않도록 조심해야 한다. 부르주아계급의 승리가 공산주의자들에게 줄 수 있는 이점은 다음뿐이다. (1) 공산주의자들이 자기의 원칙들을 쉽게 옹호하고 토론하고 보급할 수 있도록 도와주고, 프롤레타리아 계급이 긴밀하게 연결되고 투쟁할 준비를 갖춘 조직된 계급으로 단결하기 쉽게 해주는 여러 가지 양보책들, 그리고 (2) 절대주의 정부가 무너지는 날이면, 부르주아와 프롤레타리아 간의 투쟁이 시작될 차례가 온다는 확신. 이날부터는 공산주의자들의 정당 정책 또한 이미 부르주아계급이 지배하고 있는 나라들과 똑같아질 것이다.

1847년 10월 말에서 11월까지

손으로 씀.

Ⅱ. 《공산당 선언》의 서문들

1. 1872년 독일어판 서문

당시 상황에서는 비밀 조직일 수밖에 없었던 국제 노동자 단체, 〈공산주의자 동맹〉은 1847년 11월 런던에서 열린 회의에서, 앞으로 공포할 이론적이고 실천적인 상세한 당 강령을 작성할 것을 이 서문의 서명자들에게 위임했다. 이렇게 하여 《선언》이 태어나게 되었고, 그 원고는 2월 혁명[9]이 일어나기 몇 주일 전에 인쇄를 하기 위해 런던으로 보내졌다. 처음에는 독일어로 출판되었는데, 독일과 영국, 미국에서 적어도 12종의 독일어판이 인쇄되었다. 영어로는 1850년 런던에서 헬렌 맥팔레인 양의 번역으로 〈붉은 공화주의자〉에 처음 실렸으며, 1871년에는 미국에서 적어도 3종의 서로 다른 번역본이 출판되었다. 프랑스어로는 1848년 6월 봉기[10] 직전에 파리에서 처음 출판되었고, 최근에 뉴욕의 〈사회주의자〉에 다시 실렸다. 현재 새로운 번역본이 준비되고 있다. 폴란드어로는 최초의 독일어판이 나온 지 얼마 안 되어 런던에서 출판되었다. 러시아어로

9 1848년 프랑스 2월 혁명을 가리킨다.

10 1848년 6월 무장 봉기–"프롤레타리아 계급과 부르주아계급 사이에서 벌어진 최초의 대전투"(엥겔스). 1848년 6월 24일부터 26일에 걸쳐 일어난 파리 노동자들의 봉기. 전쟁 장관 카베냐크에 의해서 무자비하게 진압되었다.

는 1860년대에 제네바에서 출판되었다. 덴마크어로도 최초의 독일어판이 나온 뒤 곧 번역되었다.

지난 25년 동안 상황이 아무리 많이 바뀌었다 하더라도, 《선언》에서 이야기하고 있는 일반적인 원칙들은 크게 보아 오늘날에도 전적으로 타당성을 지니고 있다. 여기저기 몇 가지는 고쳐야 할 것이다. 《선언》 자체가 설명하고 있듯이, 이러한 원칙을 실천적으로 어떻게 적용하느냐 하는 것은 언제 어디서나 역사적으로 주어진 상황에 따라 달라질 것이다. 그러므로 《선언》의 제2절 말미에 제시한 혁명적 조치들에 결코 특별한 비중을 두어서는 안 된다. 오늘날 이 구절들은 여러 면에서 달리 서술되어야 할 것이다. 지난 25년에 걸친 거대 산업의 엄청난 발전과 이에 따른 노동자 계급 정당 조직의 성장에 비추어 볼 때, 그리고 2월 혁명을 비롯해 더 나아가 처음으로 2개월 간 프롤레타리아 계급이 정치권력을 장악하고 있었던 파리 코뮌의 실천적 경험에 비추어 볼 때, 오늘날 이 강령의 몇몇 군데는 낡은 것이 되어버렸다.

특히 코뮌은 "노동자 계급이 기존의 국가 기구를 단순히 장악했다고 해서 자기 자신의 목적을 위해 작동할 수 있는 것은 아니다"(〈프랑스 내전에 대한 국제 노동자 협회 총평의회의 담화문〉 독일어판 19쪽을 보라. 여기에 이 점이 더 상세하게 설명되어 있다)는 것을 증명해 보였다. 나아가 사회주의 문헌에 대한 비판 또한 1847년까지의 문헌만을 다루고 있으므로 오늘날에 와서 볼 때 미흡한 것임은 자명하다. 마찬가지로 여러 반대 정당들에 대한 공산주의자들의 입장을 언급한 부분(제4절)도, 기본적인 점에서는 여전히 타당하지만, 지금 실천에 옮기기에는 이미 낡아버렸다. 정치 상황이 완전히 달라졌고 거기에 열거된 정당들 대부분이 역사 발전에 따라 지상에서 사라져 버렸기 때문이다.

그러나 《선언》은 역사적 기록이다. 우리에게는 그것을 고칠 권리가 더는 없다. 다음 판에는 아마 1847년부터 오늘에 이르기까지의 간격을 메워주는 서론을 덧붙일 수 있을 것이다. 이번 판은 갑자기 출판하게 되어, 그렇게 할 시간이 없었다.

1872년 6월 24일 런던

카를 마르크스 · 프리드리히 엥겔스

2. 1882년 러시아어판 서문[11]

《공산당 선언》의 러시아어 초판은 바쿠닌의 번역으로 1860년대 초에 〈콜로콜〉[12]의 인쇄소에서 출간되었다. 당시 서구인들에게는 《선언》의 러시아어판이 그저 진귀한 문헌으로만 보였다. 오늘날이라면 이런 생각은 절대 할 수 없을 것이다.

당시(1847년 12월) 프롤레타리아 운동이 얼마나 제한적인 지역에만 퍼져 있었는지는 《선언》의 마지막 절 '여러 반대 정당들에 대한

11 마르크스와 엥겔스 이름으로 된 이 서문의 텍스트는 엥겔스가 쓴 독일어 원문을 그대로 옮겨놓은 것이다.

공산주의자들의 입장'이 가장 분명하게 보여준다. 여기에 다름 아닌 러시아와 미국이 빠져 있는 것이다. 러시아는 유럽 반동주의 최후의 거대 예비군을 형성하고 있었고, 미국은 이민을 통해 유럽 프롤레타리아의 여력을 흡수하고 있던 때였다. 두 나라는 유럽에 원료를 공급함과 동시에 유럽의 산업 생산물을 구매하는 시장이기도 했다. 그러니까 당시 두 나라는 이런저런 방식으로 기존 유럽의 질서를 지탱하는 기둥이었다.

오늘날은 얼마나 달라졌는가! 다름 아닌 유럽의 이민이 미국의 농업 생산력을 엄청나게 증대시켰고, 경쟁을 통해 유럽의 크고 작은 토지 소유를 뿌리에서부터 뒤흔들었다. 게다가 이민 덕분에 미국은 풍부한 산업 자원을 개발할 수 있게 되었는데, 이 개발은 지금까지의 서유럽, 특히 영국의 산업적 독점을 매우 짧은 시간 안에 끝장낼 수 있을 정도의 힘과 규모로 이루어졌다. 두 정황은 미국 자체에도 혁명적인 반사 작용을 일으키고 있다. 정치체제의 기초를 이루는 중소 규모의 토지 소유 농민들은 점점 더 거대 농장과의 경쟁에서 패배해나간다. 동시에 산업 지대에서는 처음으로 대규모의 프롤레타리아 계급이 형성되고 있고 자본의 엄청난 집중화가 이루어

12 여기서 언급된 판본은 1869년에 나왔다. 1888년 영어판 서문에서도 엥겔스는 《선언》의 러시아어 번역본 초판의 발행 연도를 부정확하게 제시하고 있다. 〈콜로콜〉(러시아의 혁명적 신문으로 '산 자들을 부른다!'를 모토로 삼았다)은 헤르첸과 오가료프가 1857~1865년에는 런던에서, 1865~1867년에는 제네바에서 발행했다. 〈콜로콜〉은 러시아에 혁명운동을 보급하는 데 중요한 역할을 했다.

지고 있다.

그리고 러시아는 또 어떤가! 1848~1849년 혁명 기간 동안, 유럽의 군주들뿐만 아니라 유럽의 부르주아도 그때야 깨어나고 있던 프롤레타리아 계급 앞에서 러시아의 개입만이 유일한 살길이라고 믿었다. 차르가 유럽 반동의 우두머리라고 선포되었다. 오늘날, 차르는 혁명전쟁의 포로로서 가치나 궁[13]에 갇혀 있으며, 러시아는 유럽 혁명운동의 전위대가 되었다.

《공산당 선언》의 과제는 피할 수 없이 눈앞에 닥친 현대 부르주아적 소유의 해체를 선언하는 것이다. 그러나 우리는 급속하게 꽃피고 있는 어지러운 자본주의와 이제야 발전하고 있는 부르주아적 토지 소유에도 불구하고, 토지의 절반 이상을 농민들이 공동으로 소유하고 있음을 알게 된다. 이제 문제는 이렇다. 러시아의 농촌 공동체, 심하게 망가진 형태의 원시적 토지 공유제가 차원 높은 형태의 공산주의적 공유제로 직접 이행할 수 있을까? 아니면 서구의 역사 발전 과정에서 나타난 해체 과정과 동일한 과정을 반드시 거쳐야만 할까?

오늘날 이에 대해 유일하게 가능한 답은 이것이다. 러시아 혁명이 서구의 프롤레타리아 혁명의 신호탄이 된다면, 그래서 둘이 서로를 보완한다면, 지금의 러시아 토지 공동 소유제는 공산주의적

13 가치나는 레닌그라드에서 남서쪽으로 45km 떨어진, 같은 이름의 도시에 있는 유명한 성이다. 이전에는 러시아 차르의 휴양지로 가끔 쓰였으나 오늘날에는 박물관으로 쓰이고 있다.

발전의 출발점으로서 이바지할 수 있다.

1882년 1월 21일 런던

카를 마르크스 · F. 엥겔스

3. 1883년 독일어판 서문

이 판의 서문에는 안타깝게도 나 혼자 서명해야 했다. 마르크스, 유럽과 미국의 노동자 계급 전부가 그 누구보다 더 많이 고마워해야 할 사람, 그 마르크스는 지금 하이게이트 묘지에 잠들어 있다. 그의 무덤 위에는 벌써 첫 풀이 자라 있다.[14] 그의 죽음 이후로, 《선언》을 수정한다거나 보충한다는 것은 결코 있을 수 없는 일이 되었다. 그보다 더 필요한 것은 다음과 같은 사실을 여기에서 다시 한 번 분명히 밝혀두는 것이라고 나는 생각한다.

《선언》을 관통하는 근본 사상은 이것이다. 각 역사적 시기의 경제적 생산과 거기에서 필연적으로 파생되는 사회조직은 그 시대의 정치사와 지성사의 토대를 이룬다. 이에 상응해 (원시적 토지 공유제가 해체되고 나서) 모든 역사는 계급투쟁의 역사, 즉 다양한 사회 발전 단계에서 피착취 계급과 착취 계급, 피지배 계급과 지배 계급 사이에서 벌어지는 투쟁의 역사였다. 그런데 이제 이 투쟁은, 사회 전체를 착취와 억압과 계급투쟁에서 영원히 해방하지 않고서는, 착취당하고 억압받는 계급(프롤레타리아 계급)이 착취하고 억압하는 계급(부르주아계급)에게서 해방될 수 없는 단계에 이르렀다.—이 근본 사상은 전적으로 그리고 오로지 마르크스의 것이다.[15]

나는 자주 이 말을 해왔다. 그러나 바로 지금이야말로 이 말이 《선언》 자체의 앞머리에 놓일 필요가 있다.

1883년 6월 28일 런던

F. 엥겔스

14 마르크스는 1883년 3월 14일에 죽었고, 3월 17일에 런던 하이게이트에 있는 묘지에 묻혔다.

15 1890년에 나온 독일어판 《공산당 선언》에도 이 서문이 포함되어 있는데, 엥겔스는 여기에 주석을 달았다. "나는 영어판 서문에 다음과 같이 썼다. 내 생각에, 다윈의 이론이 자연과학 분야에서 진보의 바탕이 되었듯이, 이 사상은 역사과학 분야에서 똑같은 진보의 바탕이 될 소명을 띠고 있었다.—우리 두 사람이 이 사상에 조금씩 접근한 것은 1845년이 되기 몇 해 전이었다. 내가 독자적으로 어느 정도 이 방향으로 나아갔는지는 내가 쓴 《영국 노동 계급의 상황》이 보여주고 있다. 그런데 내가 1845년 초 브뤼셀에서 마르크스를 다시 만났을 때, 그는 이 사상을 완성해놓고 있었으며 내가 위에서 정리해놓은 것과 거의 똑같을 만큼 명료한 말로써 내게 이를 제시했다."

만국의
프롤레타리아여,
단결하라!